海面目标
视觉识别与跟踪方法

王荣杰　著

厦门大学出版社
XIAMEN UNIVERSITY PRESS
国家一级出版社
全国百佳图书出版单位

图书在版编目（CIP）数据

海面目标视觉识别与跟踪方法 / 王荣杰著. -- 厦门 ：厦门大学出版社，2022.8
ISBN 978-7-5615-8719-5

Ⅰ. ①海… Ⅱ. ①王… Ⅲ. ①船用计算机—海面目标—计算机视觉—自动识别②船用计算机—海面目标—自动跟踪 Ⅳ. ①U665.261

中国版本图书馆CIP数据核字(2022)第157748号

出 版 人 郑文礼
责任编辑 陈进才

出版发行 厦门大学出版社
社　　址 厦门市软件园二期望海路 39 号
邮政编码 361008
总 编 办 0592-2182177　0592-2181253(传真)
营销中心 0592-2184458　0592-2181365
网　　址 http://www.xmupress.com
邮　　箱 xmupress@126.com
印　　刷 厦门市明亮彩印有限公司

开本 787 mm×1 092 mm　1/16
印张 8.75
字数 215 千字
版次 2022 年 8 月第 1 版
印次 2022 年 8 月第 1 次印刷
定价 45.00 元

厦门大学出版社
微信二维码

厦门大学出版社
微博二维码

前　言

我国是一个负陆面海、陆海兼备的大国。习近平总书记在党的十九大报告中指出："坚持陆海统筹，加快建设海洋强国。"经略海洋，必须装备先行，而船舶是海上交通重要载体之一，未来自主无人或"人机共治"航行器将占据船舶的统治地位。在不可预测的动态海洋中，"看得清""看得准""看得明白"是船舶安全自由航行的先决条件。本书从视觉感知的角度，探索海面目标识别与跟踪中若干关键技术的解决方案，具体针对图像去雾/去雨预处理、重叠下马赛克图像数据增强与检测、小目标识别、多视角船舶识别、目标动作跟踪和轨迹预测等提出了自己的见解。本书根据笔者课题组近年的研究成果编写，共7章：第1章基于残差块网络的图像去雨算法，第2章基于多尺度融合的图像去雾算法，第3章船舶目标重叠下马赛克图像数据增强与检测方法研究，第4章基于SSD算法的船舶小目标识别方法，第5章基于更快区域卷积神经网络的多视角船舶识别，第6章基于孪生网络的海面目标动作跟踪模型，第7章基于QABC和LSTM的海面目标轨迹预测研究。

海面目标识别与跟踪方法的研究不仅顺应了学科前瞻性问题解决的需求，而且对保障船舶在海上航行的安全，建造高技术现代化船舶，催生全新海洋装备体系、推动海洋强国战略具有积极的作用。笔者与课题组成员在该方面的研究仍在路上，但笔者谨怀探索科学高峰的初心与敬畏之心撰写本书，并将仍一如既往怀着抛砖引玉之心，希望给后续研究提供参考，启发思想，共同争取在海面目标识别与跟踪方面研究取得具有引领国际的创新性研究成果。

本书受国家自然科学基金项目（51879118）、福建省自然科学基金项目（2020J01688）、集美大学青年拔尖人才项目（ZR2019006）、农业部渔业装备与工程技术重点实验室基金项目（2018001）、人工智能四川省重点实验室基金项目（2017RJY02）和江苏省输配电装备技术重点实验室（2017JSSPD01）资助。本书也汇聚了我的博士生曾广淼和程静，硕士生韩冉、郜怀通和杨俊秀的智慧，在此感谢你们多年的努力和付出。

王荣杰

2022年6月

目　　录

第 1 章
基于残差块网络的图像去雨算法

1.1 引　　言

视觉是人类获取图像的重要途径，人通过眼睛可以直接或者间接地从观测系统中获取客观世界的信息。图像处理与我们的工作、生活息息相关，比如海面目标监测、识别等，图像质量都至关重要。图像的清晰度直接关系到基于图像的应用系统的成熟度及计算结果的准确性。如果在室外环境下运行，绝大多数情况会受到外界环境的影响，这种影响因素是多方面的，其中以天气变化的影响最为显著。在雨天情况下，由于场景的能见度低和背景场景被遮挡等原因，图像的对比度和颜色特征在不同程度上都出现了衰减，这使得一些图像系统不能正常工作。如果海上出现大雨天气也同样容易造成图像质量的下降[1-3]，这不仅会影响图像的视觉效果，而且对海面目标跟踪、物体检测等计算机视觉工作也会产生很大影响。多年来，对雨滴图像的修复研究越来越受到研究者的重视[4-5]。然而，由于图像中存在大量的雨滴，加上自然光的折射，雨滴的外观模糊不清，因此雨滴的去除仍然是一个具有挑战性的问题。

目前，去除图像雨滴的方法主要有两种：传统基于模型的方法（如字典学习：一句话我们可以用字典中的一个词或者一个字来表达相同的意思，词语代表着这句话最核心的内涵。字典学习的目标就是提取一个事物最本质的特征，从而降低输入信息的维度。信息维度的降低，可以减少无关信息的干扰，提高运算效率）和基于数据的深度学习方法。传统基于模型的方法是将图像中的雨滴视为一种特殊的高频噪声[6]，然后对雨滴进行识别或分解，从而得到干净的图像。但是，这种方法只提取图像中的浅层信息，使其很难完全恢复图像中全面的纹理结构和边缘知识，以及包含的细微雨滴形状[7]。因此，该类方法的雨滴去除效果还是有限的，尤其是对于那些雨滴丰富、背景物体配置复杂的图像[8-9]，效果并不理想。近年来，基于卷积神经网络（CNN）的深度学习方法[10-20]在这一任务中表现出较好的效果，其中基于 ResNet 网络在各个领域都表现出良好的效果[13-17]，这是因为其对描述雨滴形状和纹理的能力更强。文献[10]中通过生成对抗网络，将雨滴的多样化形状特征与相对复杂的结构特征相结合，以去除图像中的雨滴。文献[11]提出一种相邻聚合网络（A2Net），采用轻量级架构来去除图像中的雨滴，可以达到很好的性能并降低参数的数量。文献[12]提出了SPANet(spatial attentive network)模型从局部到全局消除雨滴,该方法结合了时间先验和人为监督(雨滴不可能长时间覆盖在同一个像素点上,视频中某一个像素点的值应该在真实值附近波动)并且取得了良好的效果,但是网络结构比较复杂,训练时间长。

从本质上讲,处理雨滴去除问题的关键及最主要的难点在于如何将多样的、细粒度的雨滴形状编码在设计的网络架构中(如当前的深度学习方法)。在这个意义上,当前的方法仍有进一步改进的空间,以更充分、更细致地提供雨滴和背景对象结构。因此,我们构建一个新的网络模型,全面地学习带有雨滴的图像所蕴含的特征,从而达到更好的雨滴去除性能。

1.2 雨天图像数据集

由于海面环境比较特殊,船舶和水纹是在不断变化的,因此很难获取同一时刻同一场景的雨天图像和无雨图像作为我们的训练数据集,所以我们采用两种数据集相结合的方式。选择模拟海面雨天图像数据集能够给算法提供大量的海面雨天场景信息,该数据集是我们为了研究海面去雨算法所制作的数据集,模拟的好处是我们有同一时刻的清晰图像作为对照。室外自然雨天图像是研究陆地去雨算法所使用的数据集,它是由同一时刻的清晰图像作为输出,能够让算法学习真实的雨滴信息。

1.2.1 室外雨天图像数据集

室外雨天图像数据集是目前主流除雨算法(如文献[12])所使用的数据集,该数据集通过随机缩放和裁剪分成342种共62万张图像,我们从中抽取5 000张图像进行预训练。图1-1中展示该数据集部分图像。

图 1-1　室外雨天图像数据集部分图像

1.2.2　雨天海面模拟数据集

本章选取了不同的海面场景，通过两种加雨算法，模拟出不同类型的雨天图像。雨滴大小 w 从 1、3、5 之间随机选取，雨滴数量 Ve 控制在 100～400，雨滴的角度控制在负 30 度到正 30 度之间随机产生，雨滴长度控制在 10～30。通过这种随机产生参数的方法生成 3 600 张训练图像，对预训练权重进行微调，图 1-2 展示了部分雨天海面模拟图像。

图 1-2　雨天海面模拟图像(从左到右、从上到下依次是方式一加雨图像、方式二加雨图像、原始图像和噪声图像)

1.3　基于卷积神经网络的图像去雨方法

1.3.1　基于残差网络的去雨模型设计

如图 1-3 所示,本章采用的总体结构主要由两种类型的残差网络(ResNet)构成,为了保证输出分辨率不变,去掉了所有的 Pooling 操作。该网络结构属于轻量级,运算时间短。残差网络通过加入跳跃连接,变得更加容易被优化,而且残差网络结构可以让网络变得更深,更容易获取更深层次的信息。因此,本章采用两种不同类型的残差块来实现除雨任务,类似 ResNet 的思路,学习带雨图像与原图的残差,而不是直接输出还原图像,这样一来可以使算法操作的图像目标值域缩小,稀疏性增强。

1.3.2　残差网络模块

如图 1-4 所示,x 表示输入,$F(x)$表示残差块在第 2 层激活函数之前的输出,即 $F(x)=W_2\sigma W_1(x)$。其中 W_1 和 W_2 表示第 1 层和第 2 层的权重,σ 表示 Relu 激活函数,最后该类型残差块的输出 $H(x)=\sigma[F(x)+x]$。当没有跳跃连接时,残差块就是一个普通的 2 层网络。残差块中的网络可以是全连接层,也可以是卷积层,本章采用的是卷积层。具体的计算过程如式(1-1)所示。

$$F_1=\mathrm{Relu}(J_{F\text{-}2}+J_{F\text{-}4}) \tag{1-1}$$

其中 F_1 表示残差块输出[相当于 $H(x)$],具体的计算过程如式(1-2)、(1-3)所示。

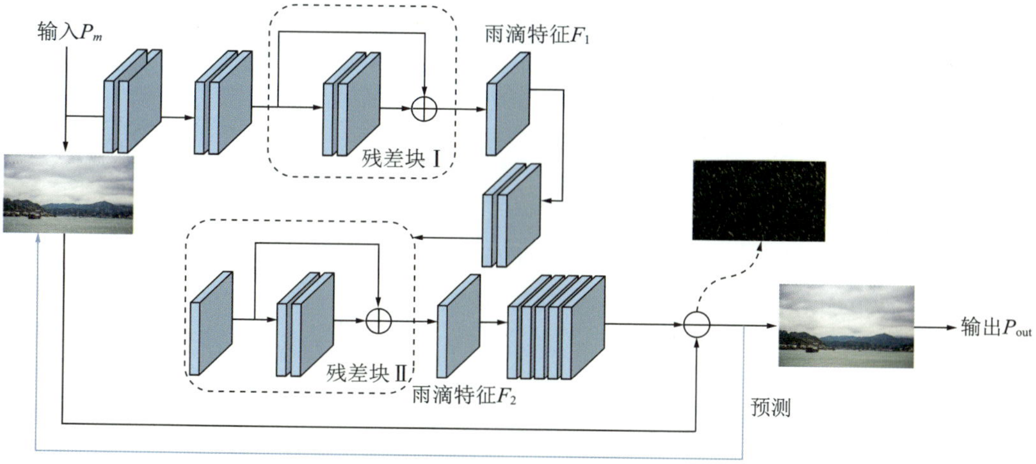

图 1-3　基于残差块去雨网络结构

$$J_{F\text{-}3}=\text{Relu Conv}_3(J_{F\text{-}2}) \tag{1-2}$$

$$J_{F\text{-}4}=\text{Conv}_4(J_{F\text{-}3}) \tag{1-3}$$

其中 Conv_3 和 Conv_4 分别代表这 2 层卷积函数，通过 Relu 函数进行激活，获取第四层输出图像 J_{F-4}[相当于 $F(x)$]。

获取第一层雨滴特征 F_1 后，网络通道数从原来的 3 层变为 12 层。特征图 F_1 通过两层卷积操作后，通道数将扩展为 48 层。我们将得到的网络输出图像 J_{F-6} 通过类型Ⅱ残差网络获取雨滴特征 F_2，该类型的残差网络结构如图 1-5 所示。

如图 1-5 所示，x 表示输入，$G(x)$表示残差块在第 1 层卷积操作之后的输出，即 $G(x)=W_1(x)$。$F(x)$表示残差块在第 3 层激活函数之前的输出，即 $F(x)=W_3\sigma W_2(x)$。其中 W_3 和 W_2 分别表示第 3 层和第 2 层的权重，σ 表示 Relu 激活函数，最后该类型残差块的输出 $H(x)=\sigma[F(x)+G(x)]$，具体的计算过程如式(1-4)、(1-5)所示。

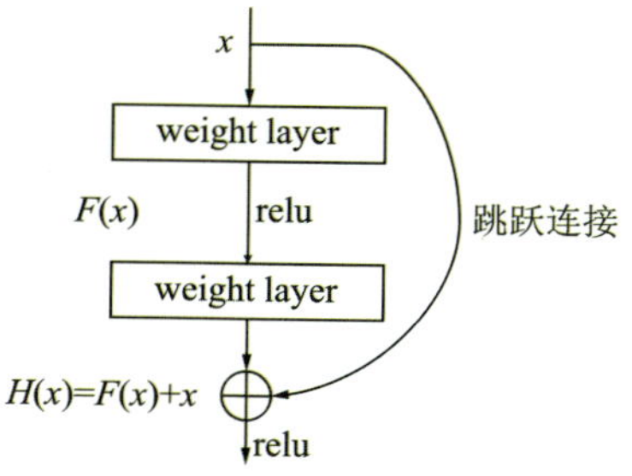

图 1-4　残差块 I 网络结构

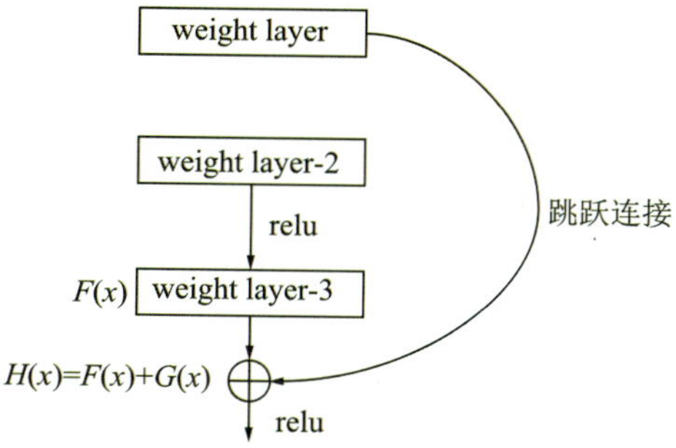

图 1-5　类型Ⅱ残差快网络结构

$$F_2=Relu.(J_{F-7}+J_{F-9}) \tag{1-4}$$

$$J_{F-7}=Conv_7(J_{F-6}) \tag{1-5}$$

其中 Conv_7 代表第 7 层卷积函数，通过卷积操作直接获取第 7 层输出图像 J_{F-7}[相当于 $G(x)$]，F_2 表示残差块输出[相当于 $H(x)$]。

输出图像的通道数从开始的 3 层增加到 96 层。然后我们将通过五层反卷积操作将通道数还原，最终获取雨滴噪声图像 $J_{F\text{-}14}$。整个网络的训练过程，相当于从原始的有雨图像中提取雨滴噪声图像，即学习有雨图像与噪声图像之间的映射关系。其输出图像 P_{out} 与输入图像 P_{in} 之间的关系如式(1-6)所示。

$$P_{\text{out}} = P_{\text{in}} + J_{F\text{-}14} \tag{1-6}$$

1.3.3 损失函数

本章中的误差函数采用均方误差(MSE)，该统计参数是预测图像和原始图像对应像素点误差平方和的均值，其计算公式如式(1-7)所示。

$$\text{Loss} = \frac{1}{n}\sum_{i=1}^{m} \| P^i - J_{F\text{-}14}^i \|^2 \tag{1-7}$$

其中，Loss 表示网络训练误差，n 表示训练样本个数，m 表示图像像素点个数，P^i 表示真实噪声图像第 i 个像素值(有雨图像与自然图像之间的差值)，即

$$P = P_{\text{in}} - Y \tag{1-8}$$

其中，Y 表示真实的无雨图像，P_{in} 表示输入图像。

整个模型的训练过程主要是分成三个部分，首先是网络预训练过程，我们将从室外雨天图像中选取 5 000 张图像进行预训练，保存效果最好的权重；其次，将从海面雨天模拟图像数据集中抽取 3 000 张训练，并用预训练权重对网络进行初始化；最后，我们选取剩下的 600 张图像进行预测，预测结果将作为网络的输入并再次进行训练，这样做可以有效地减少初始误差，网络最终收敛的效果会更好。在优化器的选择上，本章采用 Adam 优化器，迭代次数选择 100 次，前 30 次的迭代学习率为 0.001，后 70 次为 0.000 5。模型训练的基本参数如表 1-1 所示。

表 1-1 模型训练参数

层数	卷积核尺寸	卷积核个数
输入层	3	6
2	3	12
3	3	12
4	7	12
5	7	24
6	3	48
7	3	96
8	3	96
9	3	96
10	7	48
11	3	24
12	3	12
13	3	6
输出层	3	3

1.4 实验结果分析

为了证明本章所提出的去雨算法的有效性，我们对合成的测试数据集和真实的雨天

图像进行实验，并与文献[18]提出的基于深度细节网络图像去雨算法进行对比。类似于 ResNet 思路，该算法同样是学习带雨图像与原图的残差，不是直接输出还原图像，实际上这一点在超分辨率等很多问题中已经被广泛应用，而且该算法使用频域变换，分离图像中的低频部分和高频部分，只对高频部分做去雨操作。原因是雨滴基本只存在于高频部分，分离后可以使得操作目标进一步稀疏化，实验过程使用一个 26 层的 ResNet，相比之下，本章采用的网络结构更加简单，运算时间更快。

测试数据集中场景类型主要有三种：室外雨天图像、雨天海面模拟图像以及真实的自然海面雨天图像。雨天类型有小雨、中雨和大雨，雨水类型包含雨滴和雨线。在本章节我们将从主观的角度观察图像的去雨效果，图 1-7 中展示了室外场景类型的去雨效果图。

(a) 有雨图像　　(b) 本章算法　　(c) 文献[18]算法

图 1-6　室外雨天图像去雨效果图

图 1-6 第一张和第二张室外图像中雨水的类型为雨滴型，采用去雨算法后，图像中存在的雨滴数量明显减少，图像的整体质量也明显提高。第三张和第四张室外图像中雨水

类型为雨线型，雨越大，拍摄出来的雨线越长，从图中可以看出，经过去雨算法处理之后，大部分的雨线都可以很好的去除。此外，我们基于加雨算法原理，通过对不同场景的图像进行加雨处理并生成测试数据集，对模拟数据集的去雨结果如图 1-7 所示。

(a)原图　(b)有雨图像　(c)本章算法　(d)文献[18]算法

图 1-7　雨天海面模拟图像去雨效果图

从图 1-7 可以看出，我们采用的雨天海面模拟图像同样包含两种雨滴类型，而且雨滴和雨线的长度和角度都有所区别。相较于文献[18]去雨算法，本章提出的方法可以去除大部分雨痕而且可以保留更多图像细节方面的信息。此外，我们还对部分海面真实图像进行实验测试，实验结果如图 1-8 所示。

图 1-8 中，第一张图像为船员在雨天打捞金枪鱼的图片，我们可以通过渔夫身上黑色雨衣清楚地看到雨滴留下的痕迹，经过算法处理后，白色雨滴会明显减少。在第三张图像左边可以看到海豹拍打海面溅起的海水，在空中留下像雨线一样的雨痕，第四张图像与第三张类似，通过去雨算法处理后，大部分的雨线和雨滴都能够明显减少。通过这三种不同雨天场景，可以看出本章的去雨算法能够适应不同的雨天环境，在有效去除海面雨水的同时也可以去除陆地场景的雨水。

(a) 有雨图像　　(b) 本章算法　　(c) 文献[18]算法

图 1-8　自然海面图像去雨效果图

为了能够在客观上分析图像清晰度，本章采用三种不同的图像质量评估指标，分别是 PSNR、SSIM 和 NRSS。

(1)PSNR 图像质量评价

PSNR 的全称为 peak signal noise ratio，即峰值信噪比。通常用来评价经过处理之后的图像与参考图像相比质量的好坏，PSNR 越高，说明处理后的图像失真越小。PSNR 图像质量评估算法凭借着计算简单、检查速度快的优点，成为目前使用最为广泛的一种图像客观评价指标。它的算法原理是基于对应像素点间的误差，其计算方法如式(1-9)、(1-10)所示。

$$\text{MSE} = \frac{1}{\text{col} * \text{row}} \sum_{i=1}^{\text{col}} \sum_{j=1}^{\text{row}} [X(i,j) - Y(i,j)]^2 \tag{1-9}$$

$$\text{PSNR} = 10 * \lg\left[\frac{(2^n - 1)^2}{\text{MSE}}\right] \tag{1-10}$$

其中，MSE 表示处理后的图像 X 与参考图像 Y 之间的均方误差，col 和 row 分别代表图像的宽度和高度，n 表示像素的比特数，一般取 8，即像素灰级为 256。

(2)SSIM 图像质量评价

SSIM 的全称为 structural similarity index,即结构相似性[15],用来评估图像质量。自然图像具有极高的结构性,表现在图像的像素间存在很强的相关性,尤其是在空间相似的情况下。这些相关性在视觉场景中携带关于物体结构的重要信息。大多数的基于误差敏感度的质量评估方法使用线性变换来分解图像信号,这不会涉及相关性,而 SSIM 可以更加直接地比较失真图像和参考图像的结构。计算 SSIM 主要从三个方面进行比较:亮度、对比度和结构,最终两者的相似度计算如式(1-11)所示。

$$\mathrm{SSIM}(x,y)=[l(x,y)]^{\alpha}[c(x,y)]^{\beta}[s(x,y)]^{\gamma} \tag{1-11}$$

其中,$l(x,y)$表示亮度关系,$c(x,y)$表示对比度关系,$s(x,y)$表示结构关系,α、β和γ代表调整各部分数值的参数。SSIM 和 PSNR 评价结果如表 1-2 所示。其中 a～e 分别代表图 1-7 五张图像。

表 1-2　雨天海面模拟图像测试集去雨效果评价

图片\指标	PSNR		SSIM	
	本章算法	文献[18]算法	本章算法	文献[18]算法
a	36.85	30.51	0.979	0.928
b	41.36	33.87	0.988	0.924
c	38.42	32.33	0.981	0.933
d	36.82	32.20	0.982	0.931
e	35.07	31.76	0.979	0.937

(3)NRSS 图像质量评价

由于本章采用部分图像测试集是自然界中真实图像,并没有任何原始图像信息可以利用,故需要采用无参考图像质量评价方法。NRSS(no-reference structural sharpness)算法在无参考图像的情形下可以取得有参考图形评价方法相同的结果。清晰的图像比模糊图像含有更加丰富的细节信息,即高频分量,故可以通过衡量图像包含高频信息的多少来评价图像的清晰度。NRSS 是对原始图像进行低通滤波得到一幅参考图像,计算参考图像和待评价图像的结构相似度。其计算过程如式(1-12)所示。

$$\mathrm{NRSS}=1-\frac{1}{N}\sum_{i=1}^{N}\mathrm{SSIM}(X_i,Y_i) \tag{1-12}$$

图像由于包含大量高频信息,故经过低通滤波器之后会损失成分多,得到的结构相似度就小,模糊图像刚好相反,因此测出来的 NRSS 数值越小,说明图像的质量越好。NRSS 清晰度计算结果如表 1-3 所示。

表 1-3　雨天图像测试集去雨清晰度评价

图像/指标		NRSS		
		雨图	本章算法	文献[18]算法
海面图像测试集	a	0.098	0.096	0.101
	b	0.753	0.676	0.715
	c	0.328	0.296	0.292
	d	0.312	0.262	0.264

续表

图像/指标		NRSS		
		雨图	本章算法	文献[18]算法
雨天海面模拟图像测试集	a	0.474	0.356	0.435
	b	0.376	0.243	0.376
	c	0.462	0.343	0.400
	d	0.455	0.324	0.412
	e	0.436	0.326	0.386
室外图像测试集	a	0.634	0.563	0.583
	b	0.485	0.341	0.410
	c	0.417	0.366	0.333
	d	0.234	0.208	0.225
	e	0.420	0.336	0.339

雨天图像的 NRSS 数值越高，说明清晰度越低，从表 1-3 中可以看出，通过本章去雨算法处理之后，清晰度普遍升高，且在大部分情况下优于基于深度细节网络的图像去雨算法[18]。

1.5 结　　论

为了从有雨图像中恢复图像质量，本章提出了一种基于残差块网络的海面图像去雨算法。该算法采用两种不同类型的残差块网络，通过卷积层将两种残差块网络连接起来用于提取有雨图像的深层次信息。在训练过程中，网络没有直接输出自然图像，而是学习有雨图像与原图之间的残差，目的是使算法操作的图像目标值域缩小，稀疏性增强。为了让算法能够在真实的海面雨天环境中取得更好的效果，在训练集方面，我们采用室外雨天图像数据集和采用两种加雨算法进行模拟的海面雨天图像数据集。模拟海面雨天图像数据集能够给算法提供大量的海面雨天场景信息，室外自然雨天图像能够让算法学习真实的雨滴信息，包括雨滴、雨线等不同的雨水形状。为了验证本章算法的有效性，我们对不同场景的雨天图像进行去雨处理，其结果表明了本章的去雨算法能够适用于不同的雨天场景，在真实的雨天海面图像中可以有效去除雨滴，主观上提升了图像的清晰度。最后我们采用 PSNR、SSIM、NRSS 三种图像质量评价标准对去雨后的图像质量进行评估，结果表明本章提出的去雨算法在质量评价上同样具有良好的效果。

参考文献

[1] 胡众义. 内河航运图像和视频去雾算法[M]. 武汉：武汉理工大学出版社，2019.

[2] WANG Y，LIU S，CHEN C. A hierarchical approach for rain or snow removing in a single color image[J]. IEEE Transactions on Image Processing，2017，26(8)：3936-3950.
[3] YANG D，SUN J. Proximal Dehaze-Net：a prior learning-based deep network for single image dehazing[C]. //ECCV. Lecture Notes in Computer Science. Munich，2018：729-746.
[4] KIM J H，LEE C，SIM J Y. Single-image deraining using an adaptive nonlocal means filter[C]// IEEE International Conference on Image Processing. Melbourne，2013：914-917.
[5] YANG W，TAN R T. Joint rain detection and removal from a single image with contextualized deep networks[J]. IEEE Transactions on Pattern Analysis and Machine Intelligence，2019，42(6)：1377-1393.
[6] XU J，ZHAO W. Removing rain and snow in a single image using guided filter [C]// IEEE CSAE. Zhangjiajie，2012：304-307.
[7] KANG L W，LIN C W，FU Y H. Automatic single-image-based rain streaks removal via image decomposition[J]. IEEE Transactions on Image Processing，2011，21(4)：1742-1755.
[8] HUANG D A，KANG L W. Self-learning based image decomposition with applications to single image denoising[J]. IEEE Transactions on Multimedia，2013，16(1)：83-93.
[9] LUO Y，XU Y，JI H. Removing rain from a single image via discriminative sparse coding[C]// IEEE CVPR. Santiago，2015：3397-3405.
[10] SHAO M，LI L. Selective generative adversarial network for raindrop removal from a single image[J]. Neurocomputing，2021(426)：265-273.
[11] LIN H，JING C. A^2Net：Adjacent Aggregation Networks for Image Raindrop Removal[J]. IEEE Access，2020(8)：60769-60779.
[12] WANG T，YANG X. Spatial Attentive single-image deraining with a high quality real rain dataset[C]// IEEE CVPR. Long Beach，2019：12270-12279.
[13] SARWINDA D. Deep Learning in Image Classification using Residual Network (ResNet) Variants for Detection of Colorectal Cancer，Procedia Computer Science[J]. 2021，179：423-431.
[14] ZONG M，WANG R L. Motion saliency based multi-stream multiplier ResNets for action recognition[J]. Image and Vision Computing，2021，107：321-334.
[15] JI L P，FU C Q. Soft Fault Diagnosis of Analog Circuits Based on a ResNet With Circuit Spectrum Map[J]. IEEE Transactions on Circuits and Systems，2021，68(7)：2841-2849.
[16] WANG Y H，ZHOU X，ZHOU H. Transmission Network Dynamic Planning Based on a Double Deep-Q Network With Deep ResNet[J]. IEEE Access，2021，9：76921-76937.

[17] CAO Y S，LÜ T J. Complex ResNet Aided DoA Estimation for Near-Field MIMO Systems[J]. IEEE Transactions on Vehicular Technology，2020，69(10)：76921-76937.

[18] FU X，HUANG J. Removing rain from single images via a deep detail network [C]// IEEE CVPR. Salt Lake City，2017：3855-3563.

[19] DU Y J，XU J，QIU Q. Single image deraining using bilateral recurrent network [J]. IEEE Transactions on Image Processing，2020，29：6852-6863.

[20] ZHOU W，BOVIK A C. Image quality assessment：from error visibility to structural similarity[J]. IEEE Transactions on Image Processing，2004，13(4)：600-612.

第 2 章
基于多尺度融合的图像去雾算法

2.1 引　　言

随着图像技术的不断发展，越来越多的船舶都已经安装了电子眼，其作用是：一方面可以用于海面巡航，有效地掌握海面情况，降低人力成本；另一方面，可以识别过往船只，掌握航道设施信息，保障航行安全。但电子监控所采集到的信息均不同程度地受到气候因素的影响。在雾天环境下，由于受到大气散射的影响，目标场景能见度低，图像质量也随之下降，导致计算机视觉系统的性能下降，在严重的情况下甚至无法正常运行。基于这类情况，为了在雾天的情况下使图像识别系统能够正常运行，保证系统工作的稳定性和可靠性，有必要对海面雾天图像进行去雾处理[1]。

关于图像去雾方法的研究依然是国内外热门方向，单幅图像去雾和多幅图像去雾算法也取得了不错的进展。目前关于图像去雾方面的方法，按照处理方式的不同可以分为两种：一种是基于传统的去雾方法，其中包括基于图像增强的去雾方法[2-7]和基于模型复原的去雾方法[8-15]；另一种是基于深度学习的去雾方法，该方法主要是利用卷积神经网络，通过学习雾天图像与自然图像之间的映射关系从而达到去雾的目的。随着卷积神经网络技术的不断发展以及在图像领域的成功应用，基于深度学习的图像去雾算法也得到了很好的发展。Mai 等人提出了一种基于反向传播神经网络的去雾算法[16]，该算法通过反向传播神经网络从训练样本学习图像颜色和深度之间的关系，从而获得清晰图像。卷积神经网络在大规模综合训练数据集中具有较高的性能[17-21]。在文献[22]中，Tang 等人利用森林回归来估计传输图并且寻求局部最大对比度、暗通道先验、色调差异和局部最大饱和度的最佳组合。Zhu 等人[23]提出了一种线性模型(CAP)，先建立颜色衰减下模糊图像与场景深度之间的关系，并对模型进行求解。Cai 等人在文献[24]中提出了一种新的基于 DehazeNet 的方法来估计模糊图像和传输地图之间的关系。受到端到端深度学习图像恢复和增强方法[25-27]的启发，提出了四种完全端到端方法[28-31]。Li 等人[28]通过引入一个新变量提出了一种单幅图像去雾的端到端方法。文献[32]通过学习模糊图像与其相应的传输图之间的映射，提出了一种用于单图像去雾的多尺度深度神经网络(MSCNN)。所提出的算法包括粗尺度网络，其基于整个图像预测整体透射图，以及精细尺度网络进行局部性的优化,但是对场景亮度低的情况处理效果不理想。文献[33]提出了一种面向遥感图像的端到端去雾网络。利用多个 CNN 生成权值图,然后利用多个权值图融合去雾图像,在每个多尺度 CNN 中使用残差学习,对去雾任务有较好的效果。然而,这种方法是设计的,更适合于遥感图像。文献[34]提出了一种新的基于雾层的单图像去雾算法,首先对原始模糊图像进行端到端映射,通过雾层得到残差图像,然后设计的卷积神经网络可以从给定的模糊图像中去除残差图像,最终恢复图像的质量。所以总体来说基于深度学习的去雾方法,主要是通过三种方式达到去雾目的:若是建立在大气模型的基础上,就是通过模型学习清晰图像的透射率和大气光值;如果不是建立在大气模型的基础上,一般是学习清晰图像和有雾图像之间的残差图像或者是直接学习自然图像和有雾图像之间的关系,直接恢复出清晰的图像。

尽管这些算法已经实现了基本的去雾效果,但是在我们的实验中发现其在海面去雾方面依然略显不足。受到多尺度特征融合层的启发[35],本章设计了一种多尺度融合网络结构,该结构由七个卷积层和三个最大池化层组成。通过融合不同尺度的特征层来获取更加深层次的图像信息,从而达到去雾的目的。通过与其他不同的去雾算法进行对比,本章采用的基于多尺度融合的卷积神经网络单幅图像去雾方法可能保留更多的图像细节信息,并且在客观图像评价标准上也具有更好的表现。

2.2 海面雾天图像数据集模拟

众所周知,网络模型的训练需要大量数据样本。目前在陆地上的雾天图像数据集已经有很多种场景类型,其中包括真实的雾天图像和模拟的雾天图像,但海上雾天图像数据集几乎没有。因此我们制作了基于海面雾天图像数据集,用于海面去雾算法的研究工作。该数据集通过加雾算法对自然图像进行加雾处理,现在对图像加雾的算法少之又少。目前陆地背景的雾天图像数据集也是通过加雾算法进行模拟得到的。为了防止网络出现过拟合现象,我们采用两种不同的加雾算法以及三种不同场景的海面图像类型。

2.2.1 海面图像数据集

在数据集类型方面,我们采用了三种不同场景的数据类型,分别是船舶类型识别数据集、船舶检测数据集、船舶航行图像数据集(厦门鼓浪屿无人机实拍图像)。

(1) 船舶类型识别数据集

该数据集来自 Kaggle 数据集网站 https://www.kaggle.com/,数据集类型共有九种:浮标、游轮、渡船、货运船、吊船、充气船、皮划艇、纸船和帆船。其中浮标类型图像 68 张、游轮类型图像 239 张、渡船类型图像 81 张、货运船类型图像 29 张、吊船类型图像 242 张、充气船类型图像 21 张、皮划艇类型图像 254 张、纸船类型图像 40 张、帆船类型图像 488 张,共计 1 462 张。在图 2-1 我们给出每种类型的图像。

浮标　游轮　渡船

货运船　吊船　充气船

皮划艇　纸船　帆船

图 2-1　船舶类型识别数据集图像

(2) 船舶检测数据集

该数据集是由 Shao 等人在“A large-scale precisely annotated dataset for ship detection”论文中发表[36]。在论文中介绍了一个新的大规模船舶数据集称为 SeaShips，其目的是训练和评估船舶目标检测算法。该数据集目前由 31 455 张图像组成，涵盖了六种常见的船舶类型(矿石运输船、散货船、杂货船、集装箱船、渔船和客船)。所有图像均来自大约 10 080 个真实视频片段，这些片段是由部署的海岸线视频监视系统中的监视摄像机获取的，涵盖所有可能的成像变化，例如不同的比例尺、船体部位、照明、视角、背景和遮挡物。图 2-2 展示了该数据集部分图像。

(3) 船舶航行图像数据集

该数据集是我们采用大疆无人机在鼓浪屿内厝澳码头拍摄的图像。总共拍摄了三段视频和一百多张图像。视频主要是集装箱船进港航行和游客船停靠码头的视频，之后我们将取下视频每一帧图像用于船舶目标检测实验。图像主要是集装箱进港航行图像、游客船航行图像及部分散货船进港航行图像。我们在图 2-3 给出了部分船舶航行图像。

图 2-2　船舶检测数据集图像

图 2-3　船舶航行数据集图像

2.2.2　海面雾天图像模拟

通过改变加雾算法的系统参数，自然图像就会产生雾天效果。本章采用两种加雾方法对图像进行加雾处理，雾天等级从轻度到重度，其浓度值分别为 0.05、0.055、0.06、0.065、0.07。图 2-4 和图 2-5 分别展示了两种加雾算法的图像加雾效果，左边第一张图像为自然图像，从上到下、从左到右雾浓度值依次增加。图片类型分别来自船舶识别类型数据集、实拍船舶航行图及具有船舶类型标注的检测数据集。

图 2-4　基于加雾算法 1 图像加雾效果示意图

2017年08月18日 星期五 16:56:35
HQ104横琴码头全景摄像机
2017年08月18日 星期五 16:56:35
HQ104横琴码头全景摄像机
2017年08月18日 星期五 16:56:35
HQ104横琴码头全景摄像机
2017年08月18日 星期五 16:56:35
HQ104横琴码头全景摄像机
2017年08月18日 星期五 06:48:47
HQ104横琴码头全景摄像机
2017年08月18日 星期五 06:48:47
HQ104横琴码头全景摄像机
2017年08月18日 星期五 06:48:47
HQ104横琴码头全景摄像机
2017年08月18日 星期五 06:48:47
HQ104横琴码头全景摄像机
2017年08月18日 星期五 16:56:35
HQ104横琴码头全景摄像机
2017年08月18日 星期五 16:56:35
HQ104横琴码头全景摄像机

图 2-5　基于加雾算法 2 图像加雾效果示意图

训练数据集包含上述三种不同的数据集样本共 355 张，每一张图像通过加雾算法合成 14 张不同的加雾图像，因此共有 4 970 张训练样本。从其他样本中我们抽取部分图像用于网络模型的测试，图 2-6 给出了部分测试图片。

图 2-6　部分测试图像

2.3　基于多尺度融合的图像去雾算法

本章主要介绍基于多尺度融合图像去雾网络模型的细节，如图 2-7 所示。它由 4 个模块组成：前三个模块（dense layer）分别进行卷积、拼接和最大池化操作，每一个模块都会融合两种不同尺寸的特征并通过最大池化操作形成新的特征层。采用最大池化操作能够减少卷积层参数不准确造成的误差，从而保留更多的纹理信息；第 4 个模块是将前三个模块生成的特征层进行二次融合，进一步获取图像深层次的信息，有利于模型的收敛。

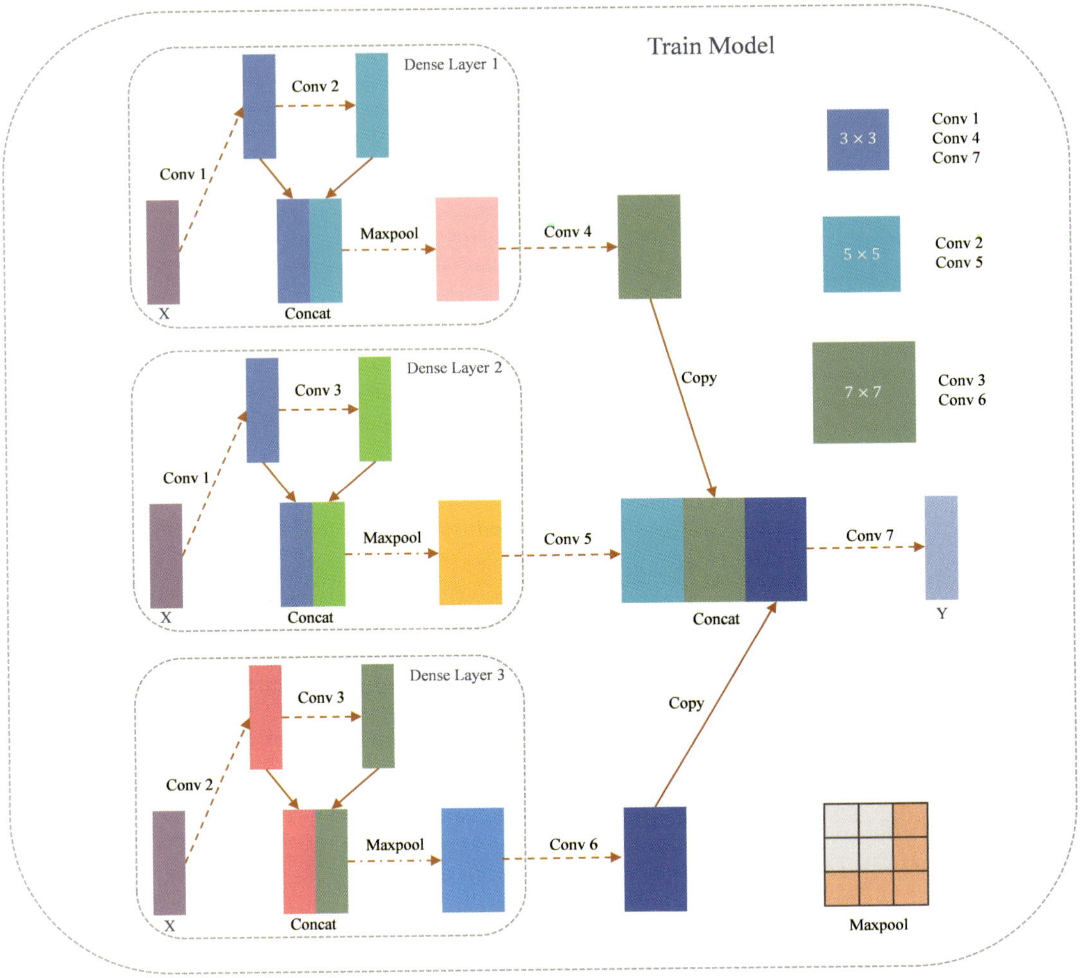

图 2-7　多尺度特征融合网络模型

2.3.1　多尺度融合网络模块

本章采用基于卷积神经网络的去雾方法是受到多尺度特征融合层网络的启发[35]，这种融合结构 DepthConcat 模块，最先是在 GooleNet 出现，通过不垂直堆砌层的方法得到更深的网络（这里的更深更像是让网络变得更宽，在我们前期研究的对象 broad neural network 也有类似的表现[37,38]，通过将不同的特征向量叠加在一起作为新的网络模型输入）而且视野范围种类变多，Vgg[39] 及 ResNet[40] 则是让网络变得更深，虽然双方在网络结构上有所不同，但两者的目的都是在整合不同感受野的信息，将不同尺度的特征层融合成一层。这样做的目的是获得图像更深层次的信息。

如图 2-8 所示，多尺度融合模块包含两种不同尺度的特征层，以 Dense Layer1 为例，我们假设输入有雾图像为 J_F，其计算过程如式(2-1)所示。

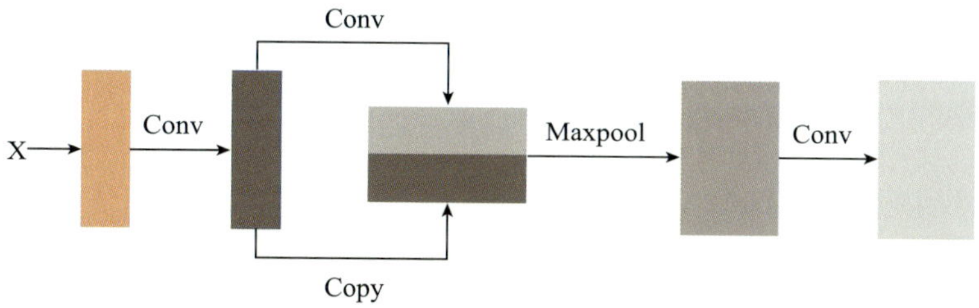

图 2-8　多尺度融合模块

$$\begin{aligned} J_{F\text{-}1} &= \sigma(W_{1c} \otimes J_F) \\ J_{F\text{-}2} &= \sigma(W_{2c} \otimes J_{F\text{-}1}) \\ J_{F\text{-}3} &= J_{F-2} \oplus J_{F\text{-}1} \\ J_{F\text{-}4} &= \sigma(W_{1m} \odot J_{F\text{-}3}) \\ J_{D\text{-}1} &= \sigma(W_{3c} \otimes J_{F\text{-}4}) \end{aligned} \tag{2-1}$$

其中,W_{ic} 表示第 i 个二维卷积层权重,W_{im} 表示第 i 个最大池化层权重,$\oplus$表示 Concat 操作,$\odot$表示最大池化操作,$\otimes$表示二维卷积操作,σ 表示 Relu 激活函数。J_{F-i}表示第 i 个卷积层输出。

通过融合三个尺度 Dense Layer 特征层并经过反卷积操作,我们可以得到最终的无雾图像。假设模型预测的输出图像为 I_F,其计算过程如式(2-2)所示。

$$\begin{aligned} J_D &= J_{D\text{-}1} \oplus J_{D\text{-}2} \oplus J_{D\text{-}3} \\ I_F &= \sigma(W_{7c} \otimes J_D) \end{aligned} \tag{2-2}$$

本章中的误差函数采用均方误差(MSE),在数理统计中均方误差是指参数估计值与参数真值之差的平方的期望值,这里的真值是自然无雾图像。如式(2-3)所示,MSE 可以评价数据的变化程度,MSE 越小,说明预测模型描述实验数据具有更高的精度。

$$\text{MSE} = \frac{1}{n} \sum_{i=1}^{m} \| Y^i - J_t^i \|^2 \tag{2-3}$$

其中,n 表示训练样本个数,m 表述图像像素点的个数,J_t 表示自然无雾图像,Y^i 表示输出图像第 i 个像素值。

根据图 2-9 可以看出 Relu 神经元比 Leakyrelu 和 Sigmoid 更有效。图中的误差是所有样本总误差值,本章采用 Relu 激活函数平均每个样本的误差大约为 0.016。在优化器的选择上,本章采用 SGD 和 Adam 相结合的方法,在前 30 次的迭代中采用 SGD 优化器,后 70 次采用 Adam,既可以让梯度下降更快,又能够防止网络出现过拟合现象。SGD 的学习率为 0.001,Adam 为 0.000 05。

2.3.2　伽马矫正

从图 2-10 实验结果可以看出,雾天图像通过模型预测的结果显示部分场景亮度偏低。采用伽马校正是为了对输入图像灰度值进行非线性操作,使输出图像灰度值与输入图像灰度值呈指数关系,从而都达到对比度增强的效果。

$$Y_{out} = AY_{in}^{\lambda} \tag{2-4}$$

$$y = a\log(1+x) \tag{2-5}$$

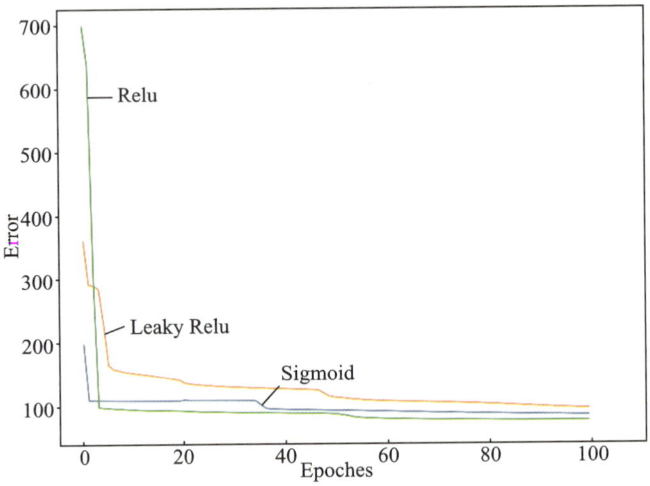

图 2-9　不同激活函数训练误差迭代曲线

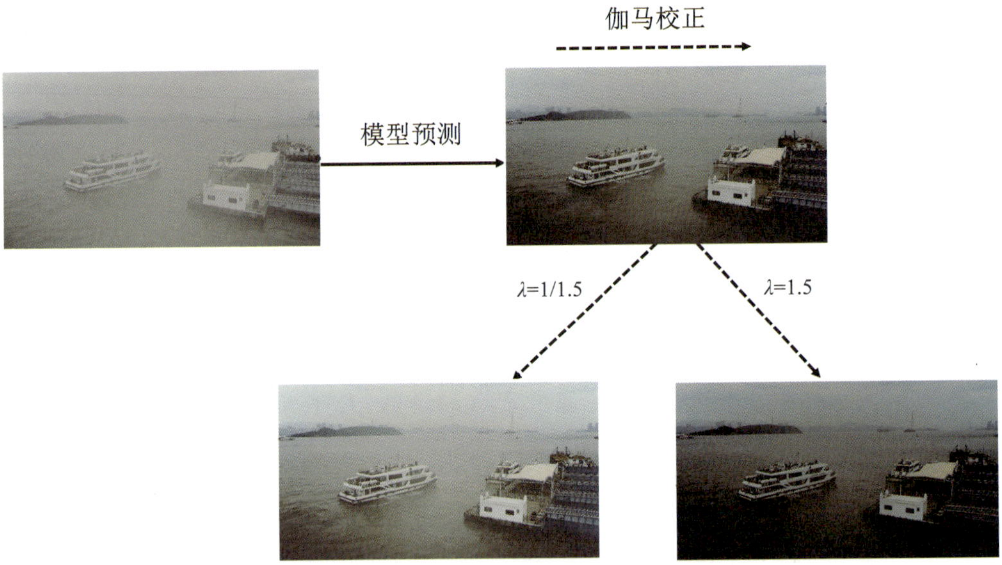

图 2-10　模型预测和不同参数伽马校正实验结果

如式(2-4)所示，其中 Y_{in} 的取值范围是 0～1，最重要的参数就是公式中的 λ 参数，λ 的值决定了输入图像和输出图像之间的灰度映射方式，即决定了是增强低灰度值区域还是增高灰度值区域。$\lambda>1$ 时，图像的高灰度区域对比度得到增强。$\lambda<1$ 时，图像的低灰度区域对比度得到增强。$\lambda=1$ 时，不改变原图像。伽马变换对于图像对比度偏低，并且整体亮度值偏高(对于相机过曝)情况下的图像增强效果明显。

公式(2-5)是对数 Log 变换的函数表达式，其中 a 是一个方法系数，x 是输入的像素值，其取值范围在[0,1]之间，y 是输出的像素值。

2.4　实验结果分析

为了证明所提出方法的有效性，我们对合成的测试数据集进行实验并且与其他九种不同的去雾算法进行对比，包括最经典的一些去雾算法以及最新的去雾算法。我们基于加雾算法原理，通过对不同场景的图像进行加雾并生成测试数据集。数据集中包括轻度、中度和重度模糊图像，在本节我们将从主观的角度去观察图像的去雾效果。通过对全模型共 100 次的迭代训练，我们将误差降到了大约 0.016。

原始有雾图像如图 2-6 所示。图 2-11 给出了其他九种算法的预测结果。第一种是基于文献[3]MSR 算法，其次是基于文献[4]提出的 MSRCR 算法。文献[41]提出一种基于 Retinex 的拉普拉斯金字塔方法用于图像去雾，从图中可以看出这三种算法在大部分情况下都会出现大面积颜色失真的现象。在海面雾天图像中，由于存在大面积的天空区域，得出的结果依然存在天空光斑现象。文献[26]提出的基于暗通道先验的去雾算法，效果总体上比较偏暗。文献[23]采用颜色衰减先验单图片去雾算法原理(CAP)，通过对雾霾图的场景深度建模(线性模型)，发现图像的深度和亮度以及饱和度之间存在线性关系，饱和度很容易受雾气的影响，一旦有一点雾就会下降得很快，并且亮度在有雾的情况下(有散热光)反而会更亮。从实验结果来看，该算法和 DCP 算法效果大致相同，整体效果偏暗。文献[24]采用的是一种端到端的网络模型 DehazeNet，为了保证实验结果的准确性，本章在 MSCNN 和 DehazeNet 方法上采用的是原作者提供的权重进行测试的结果。文献[34]提出一种基于雾层学习的单幅图像去雾算法，与 MSCNN 和 DehazeNet 不同的是，该算法模型学习的是雾层特征，本章将该算法的模型通过我们的数据集进行训练和测试发现，图像部分区域会出现颜色失真而且几乎每一张测试结果都会出现。文献[42]提出的算法引入了 DCP，然后是基于加权最小二乘法和高动态范围的去雾方案，算法效果总体偏暗，而且在第五张测试图像中还会出现颜色失真的现象。在主观的角度，本章提出的方法能够更好地保留图像细节信息，天空区域还原度更高，预测结果没有出现光晕或者颜色失真的现象。

为了能够从客观上分析图像清晰度，本节将对去雾模型预测结果进行质量评估。图像质量评估分为无参考和有参考两种类型。常见的有参考图像质量评估方法有 VMAF、PSNR 和 SSIM 等。其中 VMAF 主要是针对视频质量的评估指标，因为它添加了一些时域信息，所以需要去除时域信息才能应用于单幅图像的质量评价。有参考意味着图像质量是以我们给出的自然图像为基准，目前已经广泛应用于评价经图像传输和图像压缩处理后的图像质量。此外，该评价方法对我们参考图像具有一定的要求，如果给出的参考图本身质量就比较差，那么会大大降低评价指标的可信度，因此设置的参考图像一般都是高清图像。PSNR 凭借着其计算简单、检测速度快的优点，成为目前最普遍使用的有参考类型的质量评估指标。

图 2-11 基于 MSR[3]、MSRCR[4]、DCP[26]、CAP[23]、Md[42]、LP[41]、LOHL[34]、MSCNN[32]、DehazeNet[24]、Our 共十种算法的去雾结果(自左到右,自上到下)

2.4.1　图像质量评估

传统的无参考图像质量评价方法有很多种，如图像信息熵函数、Brenner 梯度函数、Tenengrad 梯度函数、Laplacian 梯度函数等，在特定场景下可以判断出图像清晰度的层次，而对于不同类型或者场景的图像可能会出现偏差。自然场景统计属于视觉信号的一部分，基于自然场景统计的图像质量评估算法 BRISQUE 应用也越来越广泛。这是由于清晰图像的像素强度分布与模糊图像的像素强度有所区别，前者更加遵循高斯分布，而模糊或者失真的图像可能不遵循高斯分布，也就是部分区域会出现变形。因此，为了客观评价本章算法的有效性，我们分别采用有参考类型指标 PSNR 和无参考类型指标 BRISQUE 两种类型的质量评估算法对去雾处理的图像质量进行评估。

（1）PSNR 图像质量评价

PSNR 全称 peak signal noise ratio，即峰值信噪比。通常用来评价经过处理之后的图像与参考图像相比质量的好坏，PSNR 越高，说明处理后的图像失真越小。PSNR 图像质量评估算法凭借着计算简单、检查速度快的优点，成为目前最普遍使用的一种图像客观评价指标。它的算法原理是基于对应像素点间的误差，其计算方法如式(2-6)、(2-7)所示。

$$\text{MSE} = \frac{1}{\text{col} * \text{row}} \sum_{i=1}^{\text{col}} \sum_{j=1}^{\text{row}} [X(i,j) - Y(i,j)]^2 \tag{2-6}$$

$$\text{PSNR} = 10 * \lg\left[\frac{(2^n - 1)^2}{\text{MSE}}\right] \tag{2-7}$$

其中，MSE 表示处理后的图像 X 与参考图像 Y 之间的均方误差，col 和 row 分别代表图像的宽度和高度，n 表示像素的比特数，一般取 8，即像素灰级为 256。

为了从客观的角度评价本章提出的去雾算法，我们对去雾后的雾天图像进行评价，计算每一张测试图像对应的 PSNR 数值，其中 a～e 对应图 2-11 中的五种不同场景的雾天图像。与此同时，我们也对其他九种去雾算法的实验结果进行评价，其结果如表 2-1 所示。

表 2-1　测试图像 PSNR 计算结果

评价标准		PSNR				
图片名称		a	b	c	d	e
方法	MSR	18.03	17.03	16.27	14.99	16.63
	MSRCR	19.02	21.68	19.79	18.01	15.72
方法	DCP	15.29	15.14	13.28	15.52	15.29
	CAP	13.81	16.35	13.20	17.16	15.50
	Md	13.63	25.08	14.24	13.82	17.94
	LP	17.07	16.27	14.77	13.13	15.25
	LOHL	19.37	20.62	19.43	19.33	19.79
	MSCNN	16.66	16.94	13.93	15.91	16.52
	DehazeNet	17.78	19.48	16.23	18.40	16.82
	Our	22.57	23.07	23.90	22.99	21.64

注：a～e 分别代表图 2-11 五种图像。

从表 2-1 中可以看出，本章的去雾结果其 PSNR 数值基本上保持在 20 以上，高于其他九种去雾算法。因此本章提出的去雾算法无论从主观方面还是客观评价指标方面都具有良好的表现。

(2) BRISQUE 图像质量评价

BRISQUE 是一种无参考质量评估算法。一个典型的基于场景估计(NSS)的图像质量测量通常包括三个关键步骤:特征提取、场景估计建模和特征回归。可以从时间域或空间域中提取特征;参数模型主要有广义高斯分布、多元广义高斯分布和非对称广义高斯分布,这三种常被用于场景估计的建模当中;利用支持向量机或者其他分类器对场景估计的模型的参数进行回归,最终得到待评价图像的参数分布曲线。本章对图 2-11 的测试结果进行质量评估,评估结果如图 2-12 所示。

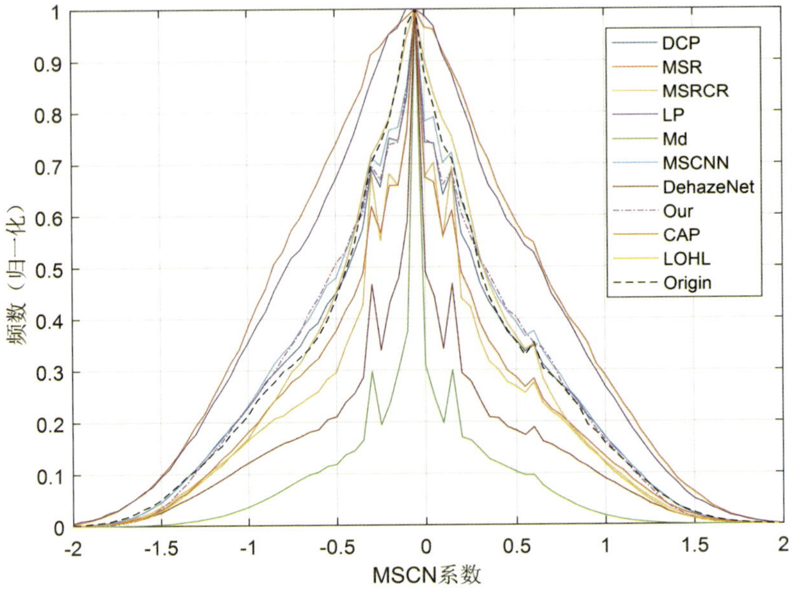

(a)

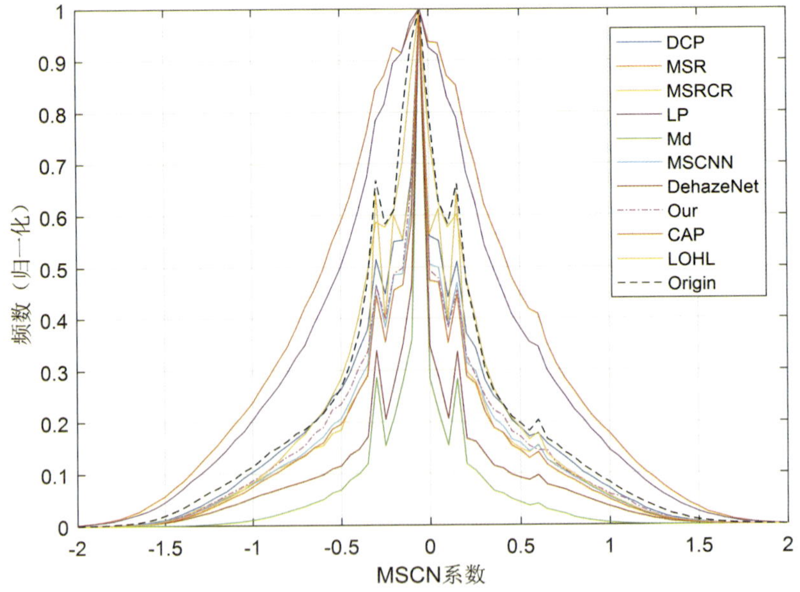

(b)

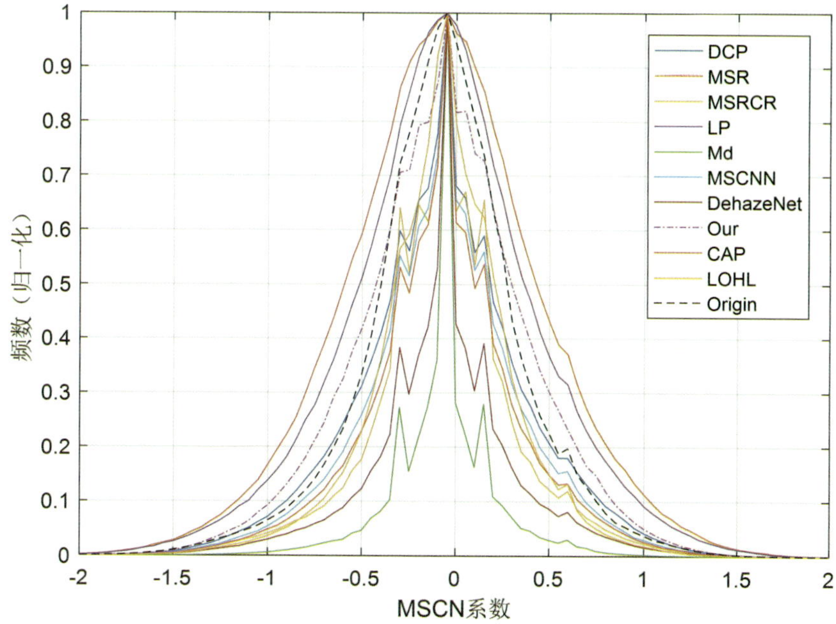
1
0.9
0.8
0.7
0.6
0.5
0.4
0.3
0.2
0.1
0
频数（归一化）
-2
-1.5
-1
-0.5
0
0.5
1
1.5
2
MSCN系数
DCP
MSR
MSRCR
LP
Md
MSCNN
DehazeNet
Our
CAP
LOHL
Origin

（c）

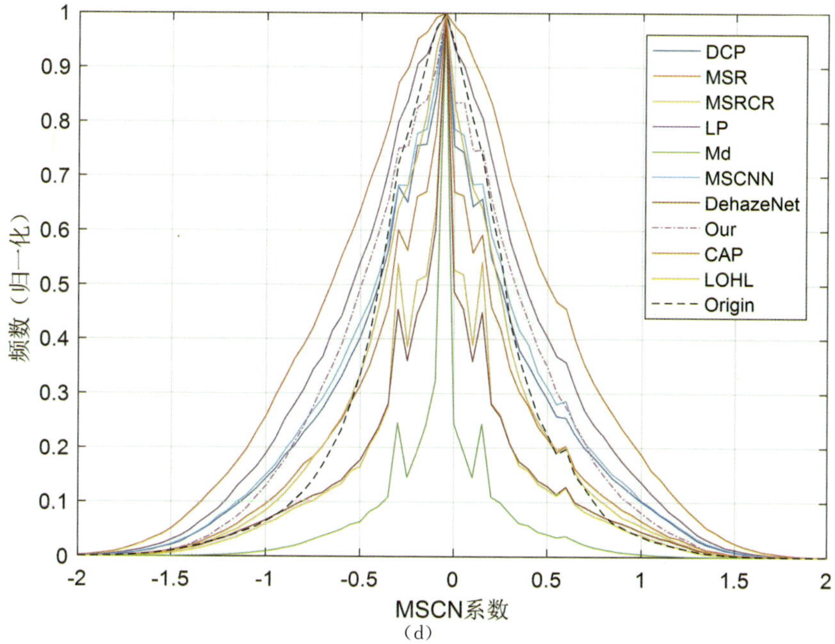
1
0.9
0.8
0.7
0.6
0.5
0.4
0.3
0.2
0.1
0
频数（归一化）
-2
-1.5
-1
-0.5
0
0.5
1
1.5
2
MSCN系数
DCP
MSR
MSRCR
LP
Md
MSCNN
DehazeNet
Our
CAP
LOHL
Origin

（d）

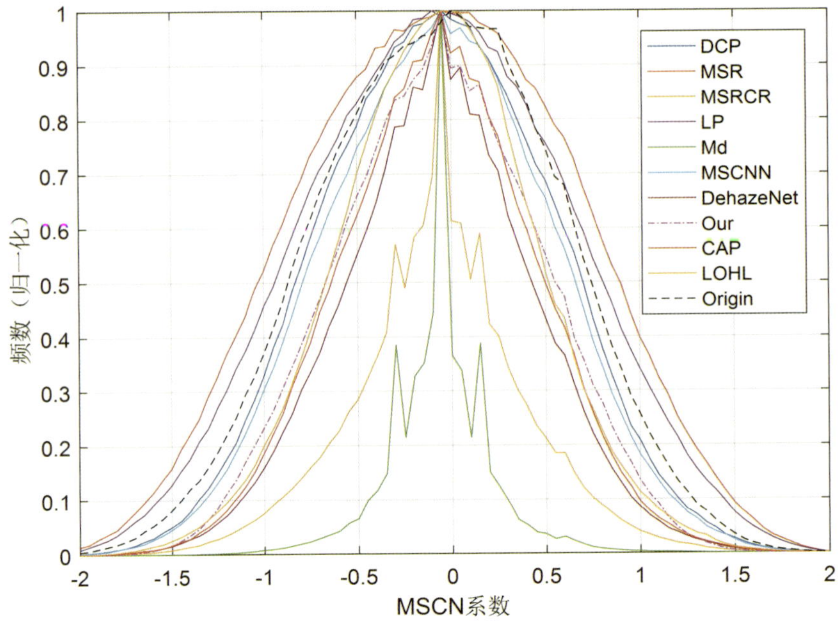

(e)

图 2-12　不同去雾方法图像 MSCN 系数分布图[(a)～(e)分别对应测试图像 1～5]

海面图像由于它自身的特点，存在大面积的空域和水域，本身就会有类似于噪声的特性，因此并不是所有的自然图像的 MSCN 系数分布都是高斯分布，从图 2-12(b)也可以看出这一点，但大部分的自然图像基本上符合高斯分布。图 2-12 展示了本章的去雾算法、原始自然图像以及其他九种去雾算法的 MSCN 分布。从图中可以看出，本章提出的方法与原始图像的 MSCN 分布更加接近，在部分曲线中会存在重合的地方。因此本章提出的去雾算法在无参考质量评估算法中同样具有更好的表现。

2.4.2　海面目标检测实验

为了在计算机视觉方面证明本章去雾算法的有效性，我们采用最新的 YOLOv4 目标检测平台[43]对有雾图像和去雾图像进行船舶检测。该算法是在前人大量研究工作的基础上加以组合和创新，在运算速度和计算精度之间实现了完美平衡。YOLOv4 具体的模型结构如图 2-13 所示。

本章从船舶检测数据集中分别选择小目标(共 104 张)和大目标(共 101 张图像)连续图像，雾天浓度等级由轻到重分为五种，分别是 0.05、0.055、0.06、0.065、0.07。通过 YOLOv4 检测分别得到每种情况的 mAP 图。

根据图 2-14 我们可以得到船舶数据集中大目标检测结果。准确样本识别准确率为 84.54%；当雾天浓度为 0.05 时，去雾之后大目标的识别准确率会上升 8.47%；当雾天浓度为 0.07 时，去雾之后大目标的识别准确率会上升 11.01%。测试结果基本上与视频图像海面目标检测结果相似，雾天浓度在轻度和重度时，去雾之后检测准确率上升幅度更高。

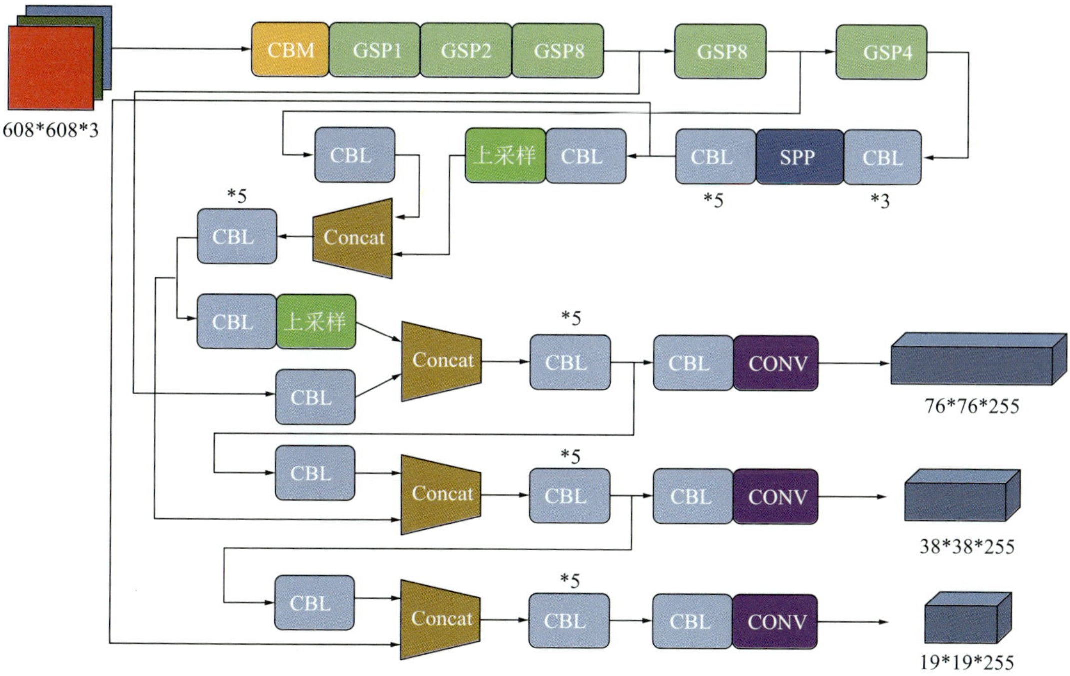

图 2-13　YOLOv4 主干网络结构图

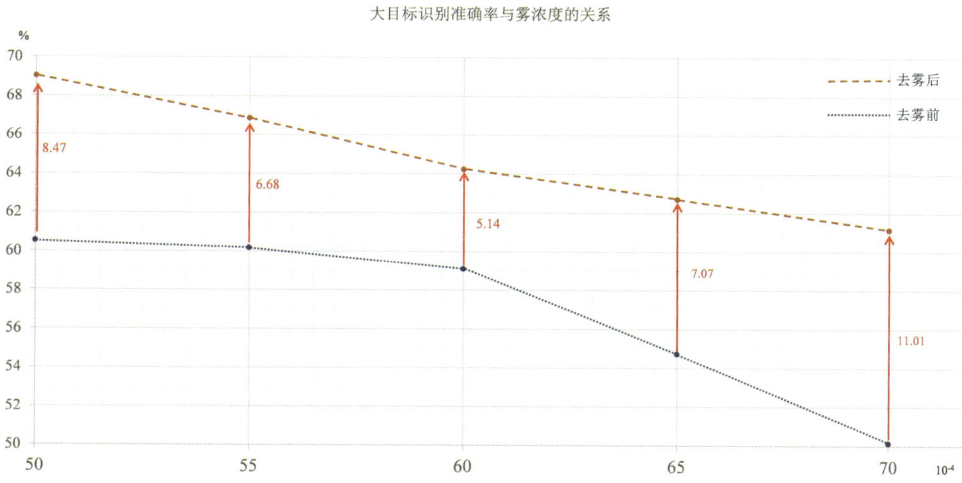

图 2-14　大目标 mAP 与雾浓度关系

图 2-15 展示了图像中每种船舶类型检测准确率，大目标检测数据集中总共存在三种不同的船舶类型，分别是渔船、散货船以及集装箱船。从图中可以看出，随着雾天浓度的上升，去雾前后渔船的检测准确率变化幅度相对较小（这是因为 YOLOv4 算法本身对渔船的检测效果更好）；散货船和集装箱船的识别准确率变化幅度会相对明显。

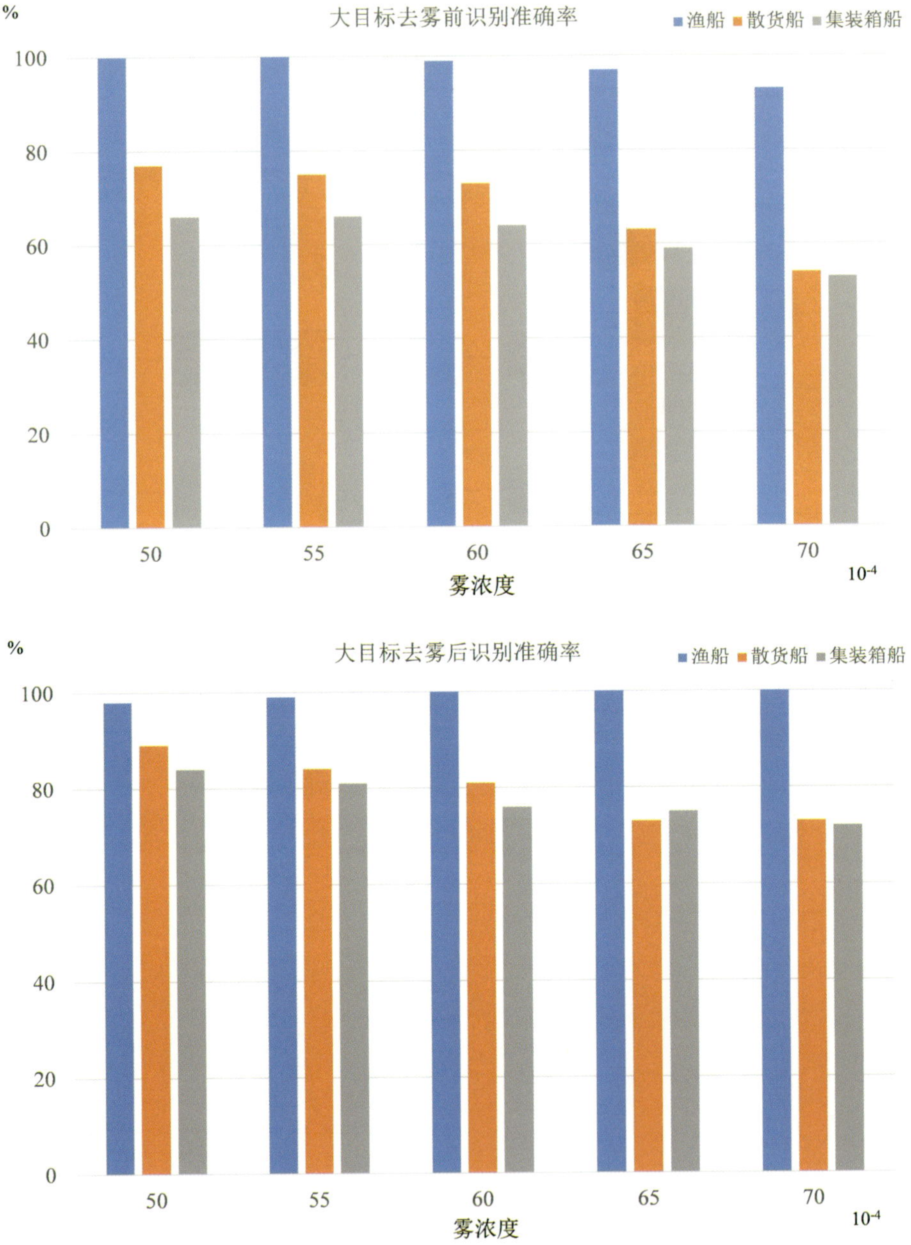

图 2-15　去雾前后大目标识别准确率

根据图 2-16 我们可以得到船舶数据集中小目标检测结果。其中准确样本的识别准确率为 66.38%；当雾天浓度为 0.05 时，小目标的识别准确率与准确样本相比会下降 8.14%，随着雾天浓度的增加，去雾前后目标检测准确率变化幅度会越来越大。因此对小目标而言，雾浓度越高，去雾算法的效果越明显。

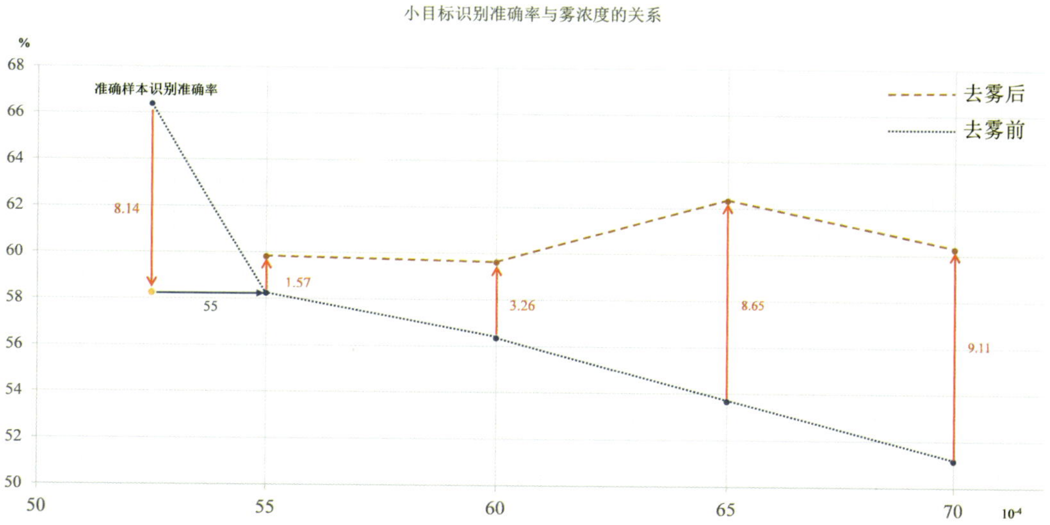

图 2-16　小目标 mAP 与雾浓度关系

图 2-17 展示了客船检测准确率，从图中可以看出，随着雾天浓度的上升，客船的识别准确率会不断下降，而去雾后客船的识别准确率均保持在较高的水平。同总体的目标检测趋势一样，去雾前后客船识别准确率变化幅度也会有所上升。综上所述，随着雾天浓度的上升对小目标的影响要远远大于大目标，去雾算法可以明显提升雾天海面目标检测效果。

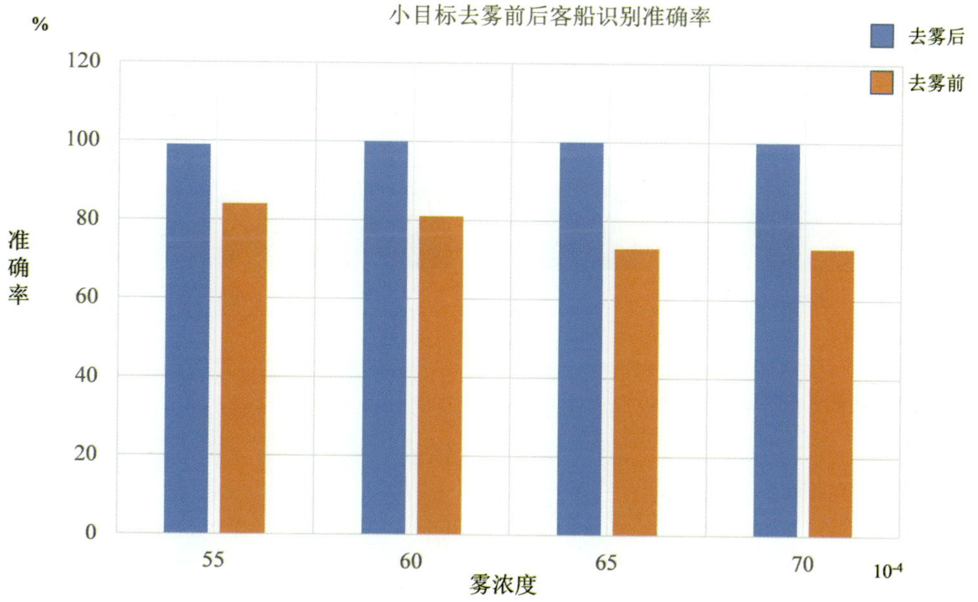

图 2-17　去雾前后小目标识别准确率

为了保证实验结果的可靠性，我们将实景拍摄的一分多钟视频共 780 张图像进行去雾处理。检测流程如图 2-18 所示。当雾天的浓度为 0.05 时，检测结果会出现四种不同的情况，分别是两种船体都未检测出来（双目标丢失）；准确地检测出一个船体，另一个船体未检测出来（单目标丢失）；将一个船体类型检测错误，另一个船体未检测出来（单目标识别错误且单目标丢失）；两种目标都能准确检测出来（双目标识别正确）。

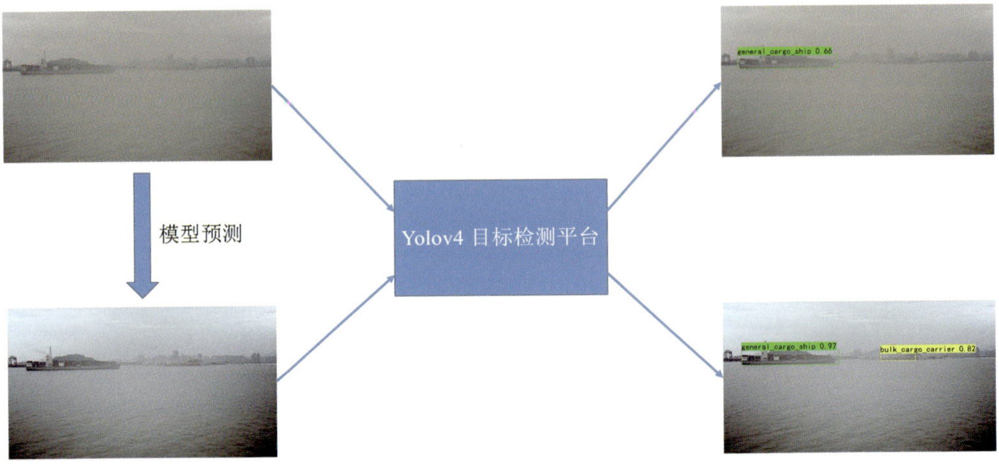

图 2-18　基于实景拍摄图像的海面目标检测流程图

根据图 2-19 的检测结果可以看出，当雾天浓度为轻度时，大型目标检测时只丢失一帧图像，几乎不会出现目标丢失（未检测出目标船体）的现象，但对于相对较小的目标丢失率高达 97%。

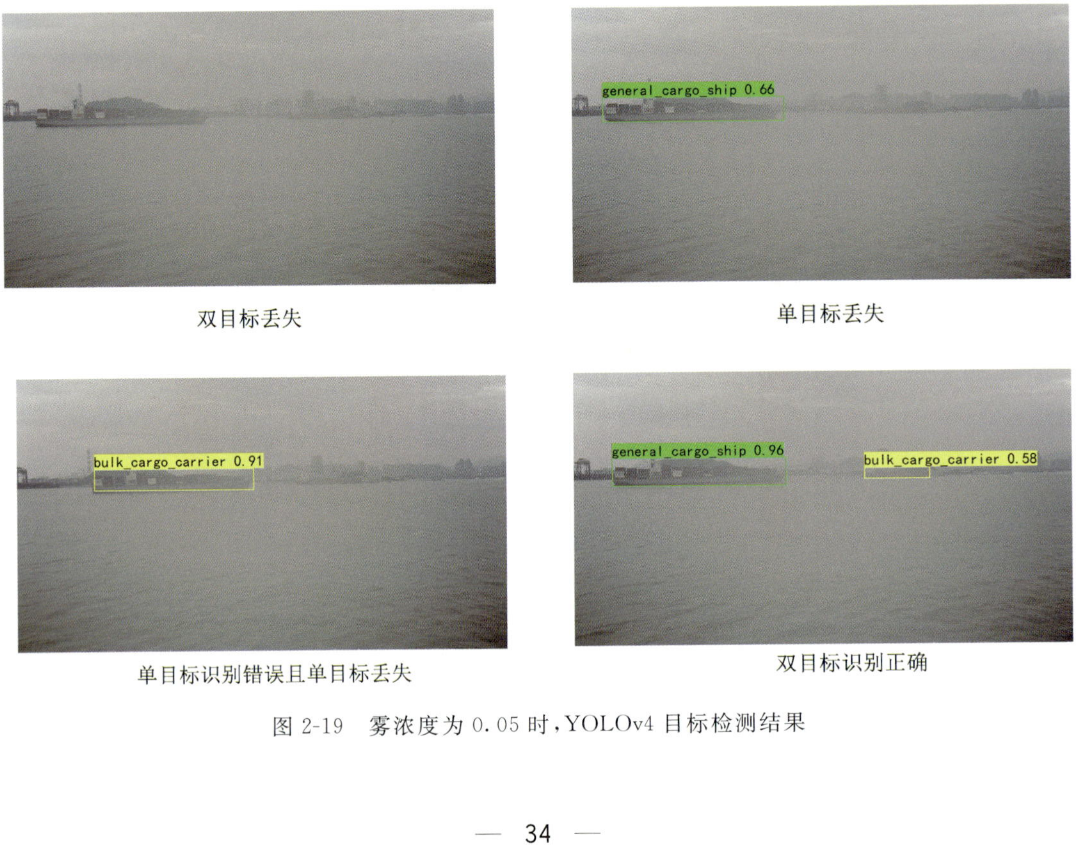

图 2-19　雾浓度为 0.05 时，YOLOv4 目标检测结果

从图 2-20 检测结果可以看出，通过去雾之后的图像经过检测只会出现单目标丢失和双目标检测正确的情况，单目标丢失的概率为 8.6%左右，相较于去雾之前，目标的识别准确率都达到了 90%以上，识别概率也会明显地提升，因此可以看出去雾算法在目标检测上取得初步的效果。

单目标丢失

双目标识别正确

图 2-20　雾浓度为 0.05 时，模型预测之后 YOLOv4 目标检测结果

如图 2-21 所示，当雾天浓度为 0.055 时，检测结果会出现双目标丢失、单目标丢失、单目标识别错误且单目标丢失的情况。检测平台已经不能同时检测出两种目标，大目标开始出现检测丢失的情况，小目标丢失率达到了 100%，完全失去小目标检测能力。

双目标丢失

单目标丢失

单目标识别错误且单目标丢失

图 2-21　雾浓度为 0.055 时，YOLOv4 目标检测结果

从图 2-22 检测结果可以看出，通过去雾之后的图像经过检测会出现单目标丢失、单目标识别错误且单目标丢失、双目标识别正确和单目标识别错误四种情况，小目标丢失的概率为 65.8%左右，相较于去雾之前，丢失率下降了 34.2%，因此可以看出随着雾天浓度的不断加重，出现目标丢失的情况会变得更加明显。

单目标丢失

单目标识别错误且单目标丢失

双目标识别正确

单目标识别错误

图 2-22　雾浓度为 0.055 时,模型预测之后 YOLOv4 目标检测结果

如图 2-23 所示,当雾天浓度为 0.06 时,检测结果会出现双目标丢失、单目标丢失、单目标识别错误且单目标丢失的情况。和中度雾天浓度检测结果类似,检测平台已经不能同时检测出两种目标,大目标的检测丢失率达到 1.5%,小目标丢失率达到了 100%,完全失去小目标检测能力。

双目标丢失

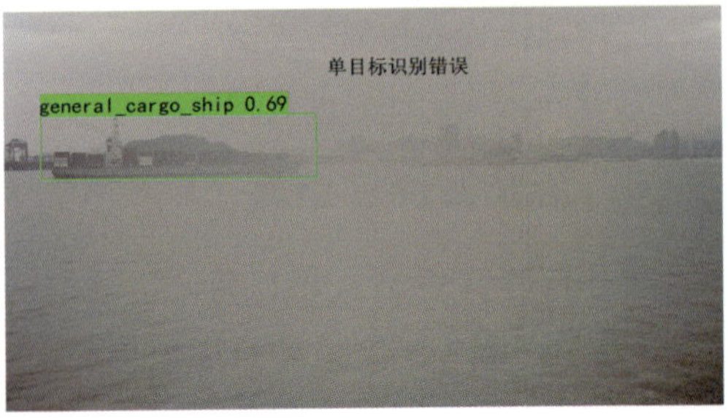

单目标丢失

单目标识别错误且单目标丢失

图 2-23　雾浓度为 0.06 时,YOLOv4 目标检测结果

从图 2-24 检测结果可以看出，通过去雾之后的图像经过检测会出现单目标丢失、单目标识别错误且单目标丢失、双目标识别正确和单目标识别错误四种情况，小目标丢失的概率为 88.5%左右，相较于去雾之前，丢失率下降了 11.5%，因此可以看出随着雾天浓度的不断加重，目标丢失概率越来越高，船体的检测准确率也随之降低。不同雾天浓度条件下，去雾前后目标检测的丢失率和准确率如表 2-2 所示。

单目标丢失

单目标识别错误且单目标丢失

单目标识别错误

双目标识别正确

图 2-24　雾浓度为 0.06 时，模型预测之后 YOLOv4 目标检测结果

表 2-2　不同雾天浓度去雾前后目标检测丢失率和准确率

雾浓度	目标状态	目标检测丢失率		目标检测准确率	
		杂货船	散货船	杂货船	散货船
0	无雾	0%	0%	100%	98%
0.05	去雾前	0%	97%	48.70%	3%
	去雾后	0%	8.60%	100%	91.40%
0.055	去雾前	2%	100%	35.6%	0%
	去雾后	0%	65.8%	78.7%	34.2%
0.06	去雾前	1.5%	100%	21.8%	0%
	去雾后	0%	88.5%	72.8%	11.5%

根据表 2-2 我们可以得到，随着雾天浓度等级的上升，杂货船的检测丢失率几乎不会受到影响，但检测准确率会逐渐降低。其中散货船丢失率较高，检测准确率普遍较低。相比去雾之前，去雾之后散货船的目标检测准确率会明显下降，下降的幅度随着雾天浓度的

提升不断降低，分别为 88.4%、34.2%、11.5%。相比之下杂货船的检测准确率上升的幅度会先上升后下降，分别为 51.3%、43.1%、51%。当然的实验结果也符合常理，当雾天浓度较低时，对大目标的检测影响较低，但去雾效果会更加明显，因此幅度会比较大；而雾天浓度较大时，对大目标的检测影响较大，去雾之后检测效果提高会相对明显，因此变化幅度也会比较大。但对于小目标而言，即使较小的浓度等级也会影响目标检测的效果。随着雾天浓度的提升，当雾天浓度为 0.06 时，检测准确率最低；当雾天浓度为 0.05 时，去雾前后检测效果变化最为明显。

2.5 总　　结

目前对室外图像的去雾方法有很多种，但很少有针对海面图像的去雾方法。由于海面环境比较单一，存在大面积的天空区域和水域，这些区域的特点是场景变化缓慢，传统的去雾算法容易出现颜色失真和光晕等现象。因此本章提出一种基于多尺度融合的海面图像去雾算法，该算法通过融合不同尺度的特征，使得网络能够提取图像深层次信息并快速收敛。为了证明本章算法的有限性，我们通过对海面雾天图像进行去雾处理并与其他传统去雾算法进行对比，采用有参考图像质量评价指标 PSNR 和无参考图像质量评价标准 BRISQUE，实验结果表明本章的去雾算法具有更好的去雾效果。为了提高海面目标识别准确率，本章将多尺度融合的去雾算法与 YOLOv4 目标检测算法相结合，对不同浓度的雾天海面图像进行目标识别。实验结果表明，该方法能有效地识别浓雾环境下的海面目标，并且随着雾浓度的增加，去雾后的识别效果明显优于去雾前。

参考文献

[1] 胡众义. 内河航运图像和视频去雾算法[M]. 武汉：武汉理工大学出版社，2019.

[2] GILBOA G, SOCHEN N, ZEEVI Y Y. Image enhancement and denoising by complex diffusion processes[J]. IEEE Transactions on Pattern Analysis and Machine Intelligence, 2004, 26(8): 1020-1036.

[3] 赵晓霞，王汝琳. 改进的多尺度 Retinex 算法及其应用[J]. 计算机工程，2011, 37(6): 209-211.

[4] HE X, WANG T, JIA Y. Studying fidelity issues in image enhancement by means of multi-scale retinex with color restoration[C]// IEEE ICSAI. Shanghai, 2016: 536-540..

[5] LAND E H, MCCANN J J. Lightness and retinex theory[J]. Josa, 1971, 61(1): 1-11.

[6] XU Y, WEN J. Review of vedio and image defogging algorithms and related studies on image restoration and enhancement[J]. IEEE Access, 2016(4): 165-188.

[7] NARASIMHAN S G, NAYAR S K. Vision and the atmosphere[J]. International

journal of computer vision, 2002, 48(3): 233-254.
[8] OAKLEY J P, SATHERLEY B L. Improving image quality in poor visibility conditions using a physical model for contrast degradation[J]. IEEE Transactions on image processing, 1998, 7(2): 167-179.
[9] SHWARTZ S, NAMER E. Blind haze separation[C]// IEEE CVPR. New York, 2006: 1984-1991.
[10] SCHECHNER Y Y, NARASIMHAN S G. Instant dehazing of images using polarization[C]// IEEE CVPR. Kauai, 2001: 325-332.
[11] 王勇,薛模根,黄勤超. 基于大气背景抑制的偏振去雾算法[J]. 计算机工程,2009, 35(4): 271-275.
[12] 周浦城,薛模根,张洪坤. 利用偏振滤波的自动图像去雾[J]. 中国图像图形学报, 2011, 16(7): 1178-1183.
[13] SCHECHNER Y Y, NARASIMHAN S G. Polarization-based vision through haze [J]. Applied Optics, 2003, 42(3): 511-525.
[14] NARASIMHAN S G, NAYAR S K. Chromatic framework for vision in bad weather[C]// IEEE CVPR, HILTON HEAD ISL, 2000: 598-605.
[15] WANG F, YIN C, WANG Y. Research of polarization imaging detection method for water surface target in foggy weather[C]// International alsociety for optics and photonics, 2013: 1-10.
[16] MAI J, ZHU Q, WU D. Back propagation neural network dehazing [C]// IEEE International Conference on Robotics & Biomimetics. Bali, 2014: 1433-1438.
[17] REN W, PAN J, ZHANG H, et al. Single image dehazing via multi-scale convolutional neural networks with holistic edges[J], International Journal of Computer Vision, 2020, 128(1): 240-259.
[18] REN W Q, ZHANG J G, XU X Y. Deep video dehazing with semantic segmentation [J], IEEE Transactions on Image Processing, 2019, 28(4):1895-1908.
[19] REN W, ZHANG J, MA L, et al. Deep non-blind deconvolution via generalized low-rank approximation [C]// Advances in neural information processing systems, Montreal, 2018: 297-307.
[20] YAN Y, REN W, CAO X. Recolored image detection via a deep discriminative model[J]. IEEE Transactions on Information Forensics and Security, 2018, 14 (1):5-17.
[21] REN W, LIU S, MA L, et al. Low-light image enhancement via a deep hybrid network[J]. IEEE Transactions on Image Processing. 2019, 28(9): 4364-4375.
[22] TANG K, YANG J, WANG J. Investigating haze-relevant features in a learning framework for image dehazing[C]// IEEE CVPR, Columbus, 2014: 2995-3000.
[23] ZHU Q, MAI J, SHAO L. A fast single image haze removal algorithm using color attenuation prior[J]. IEEE Transactions on image processing, 2015, 24(11):

3522-3533.
[24] CAI B, XU X, JIA K, et al. Dehazenet: an end-to-end system for single image haze removal[J]. IEEE Transactions on image processing, 2016, 25(11): 5187-5198.
[25] FATTAL R. Single image dehazing[J]. Acm transactions on graphics, 2008, 27 (3): 1-9.
[26] HE K, SUN J. Single image haze removal using dark channel prior[J]. IEEE Transactions on pattern analysis and machine intelligence, 2010, 33 (12): 2341-2353.
[27] DING C, TAO D. Robust face recognition via multimodal deep face representation [J]. IEEE Transactions on Multimedia, 2015, 17(11): 2049-2058.
[28] LI B, PENG X, WANG Z, et al. An all-in-one network for dehazing and beyond [J]. Journal of latex class files, 2015, 14(8): 1-12.
[29] REN W, MA L, ZHANG J, et al. Gated fusion network for single image dehazing [C]// IEEE CVPR. Salt Lake City, 2018: 3253-3261.
[30] ZHANG S, REN W, YAO J. Feed-net: Fully end-to-end dehazing[C]// IEEE ICME. San Diego, 2018: 1-14.
[31] ZHANG H, PATEL V M. Densely connected pyramid dehazing network[C]// IEEE CVPR. Salt Lake City, 2018: 3194-3203.
[32] REN W Q, PAN J S, ZHANG H. Single image dehazing via multi-scale convolutional neural networks with holistic edges[J]. International journal of computer vision, 2020, 128(1): 240-259.
[33] QIN M J, XIE F Y, LI W. Dehazing for multispectral remote sensing images based on a convolutional neural network with the residual architecture[J]. IEEE Journal of selected topics in applied earth observations and remote sensing, 2018, 11(5): 1645-1655.
[34] XIAO J S, SHEN M Y, LEI J F. Single image dehazing based on learning of haze layers[J]. Neurocomputing, 2020(389): 108-122.
[35] SZEGEDY C, WEI L. Going deeper with convolutions[C]// IEEE CVPR. Boston, 2015: 10742-10751.
[36] SHAO Z F, WU W J, WANG Z Y. SeaShips: A large-scale precisely annotated dataset for ship detection[J]. IEEE Transactions on Multimedia, 2018, 20(10): 2593-2604.
[37] HAN R, WANG R J, ZENG G M. Identification of dynamical systems using a broad neural network and particle swarm optimization[J]. IEEE Access, 2020 (8): 132592-132602.
[38] HAN R, WANG R J, ZENG G M. Fault diagnosis method of power electronic converter based on broad learning[J]. Complexity, 2020: 1-9.
[39] SIMONYAN K, ZISSERMAN A. Very deep convolutional networks for large-

scale image recognition[J]. Computer Science, 2015: 1-14.

[40] HE K, ZHANG X, REN S. Deep residual learning for image recognition[C]// IEEE CVPR. Las Vegas, 2016: 770-778.

[41] ZHOU J C, ZHANG D H. Retinex-based laplacian pyramid method for image defogging [J]. IEEE Access, 2019(7): 122459-122472.

[42] ANWAR M, KHOSLA A. Vision enhancement through single image fog removal [J]. Engineering Science and Technology, 2017, 20(3): 1075-1083.

[43] BOCHKOVSKIY A. YOLOv4: Optimal speed and accuracy of object detection [C]// arXiv:2004. 2020: 1-17.

第3章 船舶目标重叠下马赛克图像数据增强与检测方法研究

3.1 引　言

目前随着计算机技术的迅速发展，图像识别技术不只停留在实验室中，在社会上的各个领域均得到了广泛的应用，而亟待解决的海面目标识别问题就是其中之一，是船舶智能航行技术发展中的重要一环。近年来，对于海面目标的识别方法有很多，大部分是通过合成孔径雷达得到的海面遥感图像，Guo等人对CenterNet的网络结构进行了改进，提升了船舶小目标的识别能力[1]，Li等人提出了新的双分支回归网络，提升了船舶的定位能力[2]，Fu等人利用特征平衡与细化网络的无锚框方法，提升了复杂场景的船舶检测能力[3]。上述文章都是以垂直视角对海面船舶目标进行识别，且需要借助飞机、卫星等航空器进行拍摄，而搭载在船舶上以水平视角对周围海面目标进行识别的相关研究较少。

不仅如此，大部分研究都对小目标的识别问题进行了讨论，这考虑到了宽阔的水域中的视野相对较远的情况，但是，船舶还存在处于狭窄水域航行的情况，此时周围船舶较多，在观测视野中极易出现相互遮挡的现象，因此，快速准确地将不同重叠程度目标进行识别定位的问题就成为重点之一。对于遮挡目标的识别问题，国内外已有一定的研究成果，Wan等人通过生成对抗网络将局部面部特征进行恢复，从而实现遮挡情况下的人脸识别[4]，Chowdhury等人将渐进式扩展算法与图注意力网络相结合，提高街道拥挤状态下的车牌识别能力[5]，Liu等人利用耦合网络来提升小目标或被遮挡行人的识别准确率[6]。他们通过对神经网络进行优化，提升了对遮挡目标的识别能力，由于对网络结构进行了加强，或多或少地增加了计算复杂度，降低了目标识别的检测速度。

现阶段，目标检测方法主要分为两种，第一种为以R-CNN系列[7-10]为代表的二阶段检测方法，其首先利用区域提议网络提取感兴趣区域，然后基于感兴趣区域的大小，从上到下、从左到右遍历测试图片进行识别与检测。第二种为以SSD[11]、YOLO系列[12-15]为代表的一阶段检测算法，其不依赖区域提议网络，而直接利用锚框，将测试图片分割成多个方格区域，对每个区域分别进行识别与检测。相比之下，一阶段方法更准确但会产生一定量的冗余计算。二阶段方法在牺牲一部分准确率的情况下，大大提高了检测速度，有利于满足实时监测的需要。

Yolov4 算法[15]将作为实验的基本模型，虽然其提出的时间较短，但是已经在农业[16]、建筑业[17]、医学[18]等领域得到了一定的应用。上述文献中的实验都是利用部署于陆上的服务器进行训练与测试的，与陆上不同的是，海上的通信信号相对不稳定，且由于海况复杂，需尽量减小识别系统的体积与能耗，因此需要考虑到检测系统处于离线使用的情况。因此在本章中选择 Yolov4-tiny 轻量级算法作为主要的实验模型。

基于以上分析，本章提出了一种改进的马赛克(mosaic)数据增强方法，主要贡献可以总结如下：

(1) 对训练数据集中的图像进行数据增强，在不改变网络结构的情况下，加强目标识别算法对船舶重叠目标的识别能力。

(2) 针对处于离线状态下的小型移动平台，选择合适的轻量级算法，在保持其识别速度的情况下提升识别准确率，降低不同分辨率的输入图像对算法识别性能的影响。

(3) 通过在船舶数据集不同的海域进行实时检测测试，结果表明，经过改进 Mosaic 方法训练后的算法在船舶重叠目标的检测当中准确率更高，证明了改进方法的有效性和鲁棒性。

3.2　方法论

Yolo[12]算法自 2016 年首次提出以来受到了广泛的关注，而随后提出的 Yolov2[13]和 Yolov3[14]算法在其基础上对模型结构、数据预处理方式、损失函数计算方法进行了一系列的改进，极大提升了目标检测的速度与准确率。而 Yolov4 算法在 Yolov3 算法的计算方式上，增添了很多优化技巧，在识别速度不变的情况下提升了识别准确率。

3.2.1　Yolov4-tiny 算法的概述

Yolov4-tiny 网络是基于 Yolov4 网络进行简化，在牺牲一部分识别准确率的情况下，减少了 10 倍的参数量。从 Yolov4 网络中约 6 000 万的参数降至 Yolov4-tiny 中约 600 万的参数。其网络结构图如图 3-1 所示。

其中，骨干网络中的卷积块由卷积层、批归一化层[19]、带泄露线性整流[20]激活函数组成。而残差块是融合了跨阶段局部网络[21]思想(CSPNet)的 CSPDarknet53-Tiny，其结构如图 3-2 所示。

它由稠密层和连接层组成，首先对上一卷积层的输出 x_{U-1} 进行卷积操作，生成新的卷积层，将其输出 $x_0=[x_{0'},\ x_{0''}]$分成前后两个部分 $x_{0'}$ 和 $x_{0''}$ 进行前项计算，在 Yolov4-tiny 的网络结构中，先取第二部分进行前项传播，再将第一部分与第二部分一起直接连接到阶段的末尾，跳过稠密层，等到第 2 部分的 $x_{0''}$完成前项计算之后在过渡层中与 x_0 进行特征拼接，得到输出 x_T，其经过最大池化后产生残差块的输出 x_U。残差块前向计算与反向传播的过程如式(3-1)和式(3-2)所示。

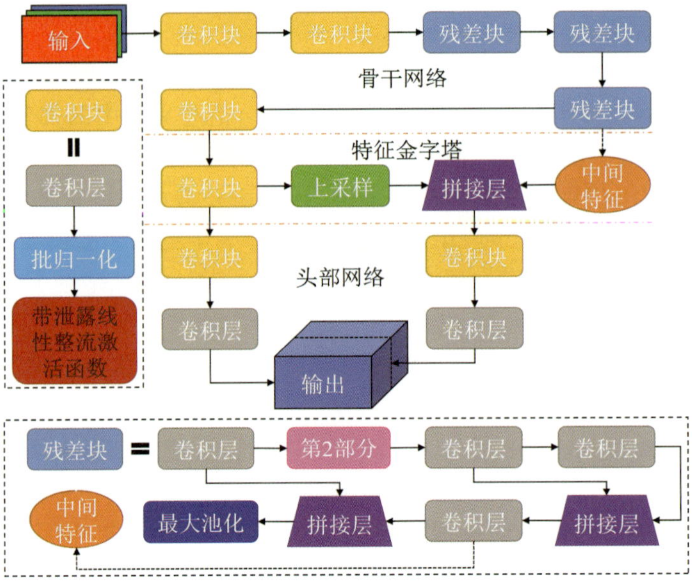

图 3-1　Yolov4-tiny 网络的特征结构图

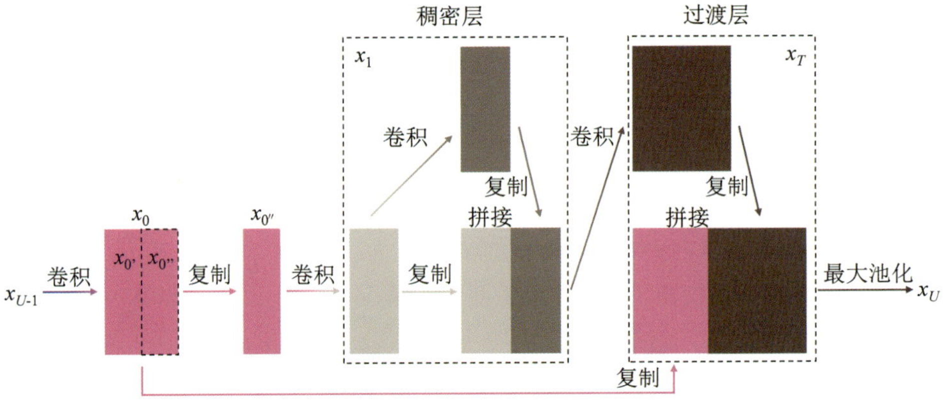

图 3-2　CSPDarknet53-Tiny 网络中残差块的结构示意图

$$x_T = w_T \cdot [x_{0''}, x_1]$$
$$x_U = w_U \cdot [x_0, x_T] \tag{3-1}$$

$$\omega_T' = f_T(\omega_T \cdot \{g_{0''}, g_1\})$$
$$\omega_U' = f_U(\omega_U \cdot \{g_0, g_T\}) \tag{3-2}$$

其中，ω_i 和 ω_i' 是前向计算与反向传播时的权重，f_i 表示权重更新的函数，g_i 表示传播到第 i 层的梯度，i 等于 T 或 U，分别代表着连接层或残差块的输出。所以，利用跨阶段局部网络的结构在反向传播时，可以将不同通道上的梯度分别进行积分，比如梯度信息经过稠密层时，只会改变 $x_{0''}$ 通道上的权重却不会影响到 $x_{0'}$。从而在保留不同深度的特征值的同时，减少了过多的重复梯度信息，在不影响网络特征提取效果的情况下，减小了内存的开销，提高了网络的运算速度。

在骨干网络之后，利用特征金字塔结构[22]对网络特征进行优化，Yolov4-tiny 网络中小型特征金字塔的实现方式如图 3-3 所示。

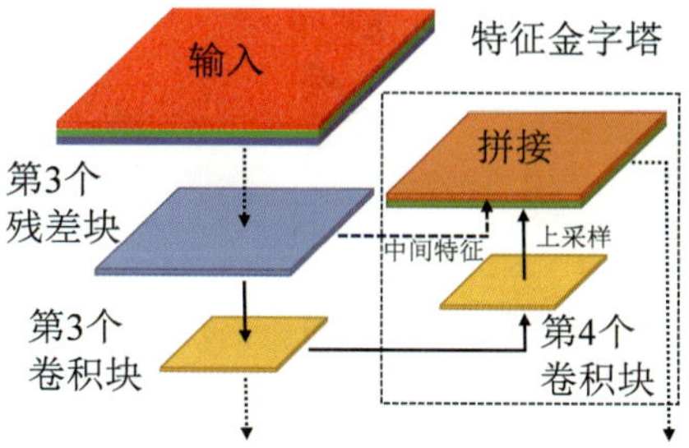

图 3-3　小型特征金字塔的结构示意图

中间特征是骨干网络的第三个残差块中第四个卷积层的输出，与网络中第四个卷积块的输出经过上采样后的特征进行拼接。从图 3-1 可以看出，骨干网络只包含前三个 CBL 层，因此图 3-3 中进行拼接操作生成的输出代表了浅层网络特征和深层网络特征的融合。由于经过了多层卷积自上而下的特征提取，深层网络会保留绝大部分大目标的特征值，小目标的特征值被保存下来的很少甚至为零。因此采用特征金字塔结构提取多个不同层级网络的特征，通过上采样放大之后，将其自下而上的拼接在一起，实现了多个层级的特征融合，提高了网络对多种分别率下不同大小目标的识别能力。

之后将小型特征金字塔的两部分输出接入头部网络进行计算，生成两组包含不同感受野的图像，分别对自身包含的先验框进行调整，利用非极大值抑制的方法，针对原图中大小不同的目标进行识别与检测，提高神经网络对多尺度目标的整体检测能力。

3.2.2　数据增强方法

Mosaic 方法是在切割混合[23]方法上进行拓展，生成的一个新的数据增强算法，不同于切割混合方法的两张图片覆盖融合，它是利用四张图片进行剪裁拼接，形成一张新的图片。这种方法可以更好地丰富目标物的背景，防止由于训练集背景相似而导致的网络泛化能力降低。

Yolov4-tiny 算法的输出图像中包含有两种不同的感受野，而 Yolov4 算法的输出图像中则有三种不同的感受野，因此 Yolov4-tiny 算法对于多尺度目标的识别能力就会相对弱一些。所以，对数据增强方法进行改进，增强网络的泛化能力就显得尤为重要。

改进前后的对比图如图 3-4 所示。原始 Mosaic 方法是以图 3-2 中的上中两条橙色通道进行的特征增强，而改进 Mosaic 方法在原先的基础上增加了下方的金色通道，采用三条通道进行特征增强。第三条金色通道的输出，相较于上面两种，是对每行每列排列的图像数进行了增加而得到的。为了方便说明，将以 3×3 的规格新生成九合一的图片称为 m9，将以 2×2 的规格生成的四合一图片称为 m4，将不经过合并以 1×1 规格生成的图片称为 m1，m1、m4 和 m9 的比例为 $o:p:q$。这样的组合方式，一定程度上使得训练数据集的尺度变化特性更加多样，从而进一步减弱了背景对于目标物特征的干扰。

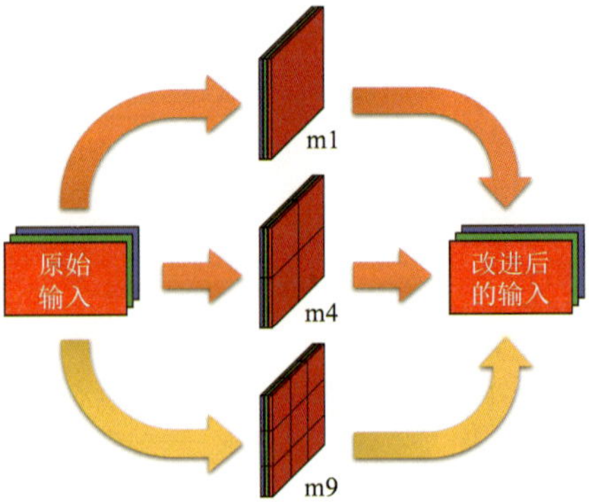

图 3-4　改进前后的马赛克数据增强方法

九合一图像 m9 的生成方式如图 3-5 所示，主要分为 A，B，C 三个阶段。在 A 阶段，以输入图像的宽和高(W，H)作为边界值，首先对图像进行缩放，X 轴和 Y 轴的缩放倍率为 t_X 和 t_Y，如式(3-3)和式(3-4)所示。

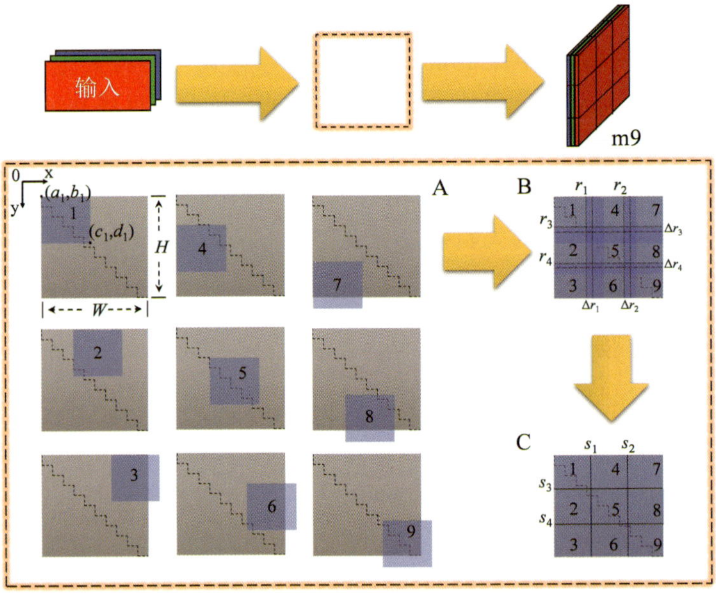

图 3-5　m9 图像的生成流程图

$$t_X = f_{\text{rand}}(t_W, t_W + \Delta t_W) \tag{3-3}$$

$$t_Y = f_{\text{rand}}(t_H, t_H + \Delta t_H) \tag{3-4}$$

其中，t_W 和 t_H 分别为宽和高缩放倍率的最小值，Δt_W 和 Δt_H 分别为宽和高缩放倍率随机区间的长度，均为超参数。$f_{\text{rand}}()$表示随机值函数。

图像缩放后的左上角和右下角的坐标为[(a_i, b_i)，(c_i, d_i)]，由式(3-5)到式(3-8)可得。

$$a_i=\begin{cases}0 & i=1,2,3\\ W\cdot r_1 & i=4,5,6\\ W\cdot r_2 & i=7,8,9\end{cases}\tag{3-5}$$

$$b_i=\begin{cases}0 & i=1,4,7\\ H\cdot r_3 & i=2,5,8\\ H\cdot r_4 & i=3,6,9\end{cases}\tag{3-6}$$

$$c_i=a_i+W\cdot t_W\tag{3-7}$$

$$d_i=b_i+H\cdot t_H\tag{3-8}$$

其中，r_1 和 r_2 分别为 X 轴的除 0 点以外的两个图像左上角位置坐标，r_3 和 r_3 分别为 Y 轴的除 0 点以外的两个图像左上角位置坐标，同样也均为超参数。而灰色区域中的黑色短画线为比例尺，每一小段代表宽或高的 1/10，利用比例尺可以看出，第 2 张至第 9 张的图像和第 1 张的缩放比例一致，宽和高都是原来的 t_W 和 t_H 倍。

在 B 阶段，需要将上一阶段裁剪好的 9 张图片进行拼接，并裁减掉溢出边界框的部分，可以看到合并后的图像存在一定程度的重叠，因此需要对每个小区域进行划分。从 A 阶段的示意图中可知，当缩放后的图片按照坐标在指定位置进行放置时，会存在溢出边框的情况。此时需对溢出的部分进行裁剪，如式(3-9)和式(3-10)所示。

$$c_i'=\begin{cases}c_i & \text{if} \quad c_i<W\\ W & \text{if} \quad c_i\geqslant W\end{cases}\tag{3-9}$$

$$d_i'=\begin{cases}d_i & \text{if} \quad d_i<H\\ H & \text{if} \quad d_i\geqslant H\end{cases}\tag{3-10}$$

在边缘裁剪之后，利用 8 条两两平行的圆点线围成的 4 个方形区域，将其作为分割线的随机区间。其中，$r_i=(r_1,\ r_2,\ r_3,\ r_4)$的值等于分割线坐标的最小值，$\Delta i$ 为分割线随机区间的长度。

在 C 阶段，将对内部重叠部分进行第二次裁剪，其分割线坐标 s_i 可由式(3-11)求得。

$$s_i=f_{\text{rand}}(r_i,r_i+\Delta r_i)i=1,2,3,4\tag{3-11}$$

经过裁剪以后，得到了拼接完成的 m9 图像。由于原图在缩放拼接过程中存在部分缺失，对于处在原图边缘的目标有可能在操作过程中被截取部分或者完全截掉，因此，同样需要对这些目标对应的真实框进行裁剪甚至剔除，以满足目标检测的需要。

生成 m4 图像的方法与生成 m9 类似，如图 3-6 所示。左上角坐标(a_i^*，b_i^*)与分割线坐标 s_i^* 如式(3-12)列式(3-14)所示。

$$a_i^*=\begin{cases}0 & i=1,2\\ W\cdot r_1^* & i=3,4\end{cases}\tag{3-12}$$

$$b_i^*=\begin{cases}0 & i=1,3\\ H\cdot r_2^* & i=2,4\end{cases}\tag{3-13}$$

$$s_i^*=f_{\text{rand}}(r_i^*,r_i^*+\Delta r_i^*)i=1,2\tag{3-14}$$

其中，以 * 作为 m4 图像与 m9 图像的区别符号。缩放倍率 t_X^* 和 t_Y^* 由 Δt_W^* 和 Δt_H^* 和右下角坐标(c_i^*，d_i^*)与 m9 图像的计算方式一致，由于没有出现边框外溢出，所以只需要对内部重合部分进行分割裁剪。

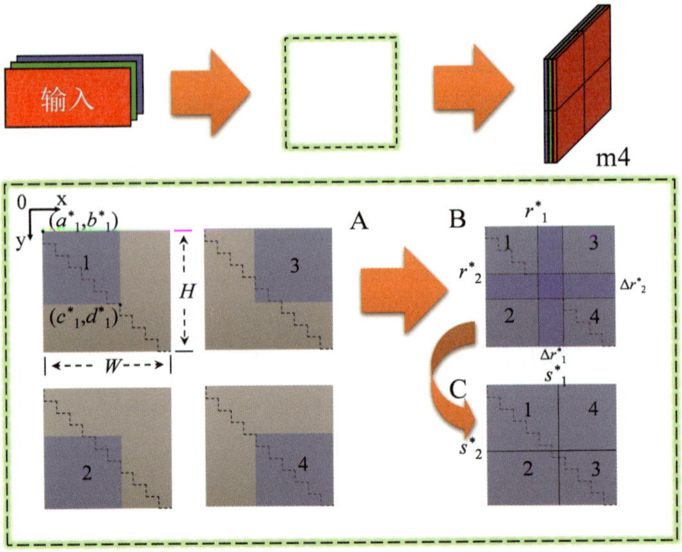

图 3-6　m4 图像的生成流程图

m1 图像由于不存在多张图片拼接的情况，因此进入网络之前只需要通过翻转、色域变化等常规方法进行特征增强。

3.2.3　损失函数

Yolov4-tiny 算法整体上与其改进之前的版本大致相同，其损失函数包含了三个部分：目标物的置信度损失($\mathrm{Loss_{conf}}$)、分类损失($\mathrm{Loss_{cls}}$)和位置损失($\mathrm{Loss_{loc}}$)。如式(3-15)～式(3-19)所示。

$$\mathrm{Loss}=\lambda_{\mathrm{conf}}\cdot \mathrm{Loss_{conf}}+\lambda_{\mathrm{cls}}\cdot \mathrm{Loss_{cls}}+\lambda_{\mathrm{loc}}\cdot \mathrm{Loss_{loc}} \tag{3-15}$$

$$\mathrm{Loss_{conf}}=\sum_{i=0}^{K\times K}\sum_{j=0}^{M} I_{ij}^{obj}\,\mathrm{Loss_{BCE}}(\hat{C}_i,C_i)-\sum_{i=0}^{K\times K}\sum_{j=0}^{M} I_{ij}^{noobj}\,\mathrm{Loss_{BCE}}(\hat{C}_i,C_i) \tag{3-16}$$

$$\mathrm{Loss_{cls}}=\sum_{i=0}^{K\times K} I_{ij}^{obj}\sum_{k\in \mathrm{classes}}^{K\times K}\mathrm{Loss_{BCE}}[\hat{p}_i(k),p_i(k)] \tag{3-17}$$

$$\mathrm{Loss_{BCE}}(\hat{N},N)=\hat{N}\log(N)+(1-\hat{N})\log(1-N) \tag{3-18}$$

$$\mathrm{Loss_{loc}}=\sum_{i=0}^{K\times K}\sum_{j=0}^{M} I_{ij}^{obj}\cdot \mathrm{Loss_{CIoU}} \tag{3-19}$$

其中，λ_{conf}、λ_{cls}和 λ_{loc} 分别代表了损失函数中三种不同类别损失的权重，Yolov4-tiny 网络将每一个输入图片先分成 $K\times K$ 个单元格，每个网格中产生 M 个锚框(anchor)，每个锚框经过网络进行前项计算后，会得到调整好的边界框，其总数为 $K\times K\times M$ 个。I_{ij}^{obj} 和 I_{ij}^{noobj} 用来判断目标物的中心坐标是否在第 i 个网格中的第 j 个锚框中，如果是，则前者等于 1 后者等于 0，如果否，则反之。C_i 为第 i 个单元格内真实框的置信度，$\hat{C}_i$ 为第 i 个单元格内预测框的置信度。$p_i(k)$表示第 i 个单元格中的真实框包含第 k 个类型的目标的条件概率，$\hat{p}_i(k)$表示第 i 个单元格中的预测框包含第 k 个类型的目标的条件概率。

与 Yolov3 算法不同的是，Yolov4-tiny 算法在位置损失函数的计算中采用了完全交并比损失[24]，而不是置信度损失与分类损失中采用的二分类交叉熵损失，这能够更准确地对位置信息进行描述。完全交并比损失的计算方式如式(3-20)～式(3-24)所示。

$$\mathrm{Loss}_{\mathrm{CIoU}}=1-IoU+R_{\mathrm{CIoU}}(B,B^{gt}) \tag{3-20}$$

$$IoU=\frac{|B\cap B^{gt}|}{|B\cup B^{gt}|} \tag{3-21}$$

$$R_{\mathrm{CIoU}}(B,B^{gt})=\frac{\rho(b,b^{gt})}{c^2}+\alpha v \tag{3-22}$$

$$\alpha=\frac{v}{(1-IoU)+v} \tag{3-23}$$

$$v=\frac{4}{\pi^2}\left(\arctan\frac{w^{gt}}{h^{gt}}-\arctan\frac{w}{h}\right)^2 \tag{3-24}$$

其中，IoU 为交并比，预测框 $B=(x,\ y,\ w,\ h)$，真实框 $B^{gt}=(x^{gt},\ y^{gt},\ w^{gt},\ h^{gt})$，它们由表示中心点位置的 x，y 坐标与宽高长度的 w，h 坐标组成。$R_{CIoU}(B,\ B^{gt})$为预测框 B 与真实框 B^{gt} 的惩罚项，b 和 b^{gt} 代表 B 和 B^{gt} 的中心点，$\rho(\cdot)$表示欧几里得距离，c 为能同时包含预测框与真实框的最小方框的对角线距离。α 为正权衡参数，v 为测量长宽比一致性的参数，这使在回归计算时，预测框与真实框重叠区域中的因子相对于非重叠部分具有更高的优先级。

3.2.4　网络优化方法

为了更好地结合船舶数据集的特点，Yolov4-tiny 算法在开始训练之前，先利用 K 均值聚类算法将训练集内大小不一的真实框分成 m 类，并将每一类的真实框中心点所代表的框作为锚框，这样可以得到锚框更适用于检测船舶目标。在本章中 $m=6$，这些锚框将根据大小被分成 2 组，每组 3 个框，去检测不同尺度的目标物体。

在卷积块中，经过卷积层提取后的数据，在批量归一化处理后，利用带泄露线性整流激活函数进行激活，其并非像 Relu 函数一样将所有的负值都设为 0，而是设置一个非零的斜率，如式(3-25)所示。

$$f_{\text{Leaky Relu}}(n_i)=\begin{cases} n_i & \text{if} \quad n_i\geqslant 0 \\ \varphi\cdot n_i & \text{if} \quad n_i<0,a_i\in(0,1)\end{cases} \tag{3-25}$$

其中，φ 是当输入值小于 0 时的斜率，为超参数。

在训练的初期，利用大的学习率可以使网络迅速收敛，而在训练的后期，利用小的学习率更有利于网络收敛到最优值。因此利用学习率指数衰减策略进行训练，学习率 γ 的计算方式如式(3-26)所示。

$$\gamma=\varepsilon^{\tau}\gamma_0 \tag{3-26}$$

其中，γ_0 表示初始学习率，ε 为衰减率，τ 为训练网络的迭代次数。

Yolov4-tiny 模型是基于卷积神经网络搭建的，因此其在不同深度的层面提取到的特征并不相同。于是先将网络模型在大型数据集中做训练，当其具备提取基础特征及抽象特征的能力时，再利用迁移学习方法进行微调，将训练完的权重和偏差迁移至新训练环境中的网络，由于不同训练集中目标物的种类不同，所以网络模型最后一层的权重与偏差结构不同，除此以外都可以进行迁移。

3.3 实验仿真及测试

3.3.1 数据集规划

目前广泛使用的数据集，如 VOC 数据集[25]、COCO 数据集[26]等包含的船舶只被分为了 1 类，存在图片尺寸随机且分辨率较低（不超过 640×360）的特点。相比之下，本章中用于训练及测试的船舶数据集[27]一共包含 7 000 张图片，其分辨率为 1 920×1 080，它们截取自监控摄像机所拍摄的视频片段，而这些摄像机属于沿海岸线部署的海面监控系统，其包括 50 个不同位置的 156 个摄像机。数据集中包含 6 种不同类型的船舶，其数目与类别如表 3-1 所示。

表 3-1　船舶数据集目标物类别与数量

船舶类别	数量/个
矿砂船	2 084
散货船	1 811
杂货船	1 426
集装箱船	898
渔船	1 539
客船	455

这些图像中的船舶拥有不同的光照条件、观测角度、远近尺度及重叠程度，使数据集的复杂程度大大提升，增加了目标检测算法识别的难度。

3.3.2 训练与测试结果

本章的算法是在开源的神经网络框架 Pytorch (3.8.5)上进行实现的。计算工作站配置包含 1 个 GPU（GeForce RTX 3090），CPU（AMD Ryzen 9 3950×16 Core/ 3.5 GHz/72 M），以及 128 G RAM。小型移动测试平台是基于 NVIDIA Jetson Xavier NX 开发板进行搭建，由 1 个 1080p 摄像头模组，供电模组，显示输出模组及控制模组组成，如图 3-7 所示。

在训练开始之前，先将数据集进行分类。选择 6 000 张几乎无遮挡的船舶目标图片作为训练集，1 000 张发生不同严重程度重叠的船舶图片作为测试集。通过对目标识别算法的优化，使目标船舶在发生不同程度的重叠与遮挡时，能够更加快速且准确地捕捉到目标，提高识别准确率。实验中 Mosaic 方法的参数如表 3-2 所示，网络优化方法中的参数如表 3-3 所示。

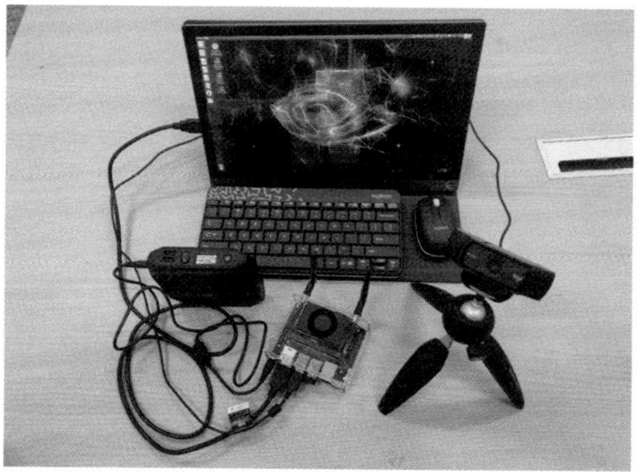

图 3-7　小型移动测试平台示意图

表 3-2　马赛克数据增强方法中的实验参数

参数	数值	参数	数值	参数	数值
W	608	Δr_3	0.05	Δr_1^*	0.2
H	608	Δr_3	0.05	Δr_2^*	0.2
r_1	0.3	t_W	0.4	t_W^*	0.4
r_2	0.65	t_H	0.4	t_H^*	0.4
r_3	0.3	Δt_W	0.05	Δt_W^*	0.2
r_3	0.65	Δt_H	0.05	Δt_H^*	0.2
Δr_1	0.05	r_1^*	0.4		
Δr_2	0.05	r_2^*	0.4		

表 3-3　网络优化方法中的参数

参数	数值
φ	0.1
γ_0	1×10^{-3}
ε	0.95

训练数据集中用于训练和验证的图片以 9∶1 的比例随机分割，训练开始后，网络经过 100 次迭代后停止，图 3-8 表示 Yolov4-tiny 算法在不同迭代次数下的识别准确率，图中图例的数值为 $o:p:q$ 的值，准确率的高低由各类别平均精度的平均值(mean average precision, mAP)来表示。

从图 3-8 中可以看出，在趋向于平稳的后 20 次迭代过程中，黄色曲线的值略高于绿色曲线的值，使用 Mosaic 方法之后 Yolov4-tiny 算法的识别结果略有提升，而蓝色曲线表示的改进 Mosaic 方法则大大提高了识别准确率，甚至高于使用原始 Mosaic 方法的 Yolov4 算法的识别准确率。所以改进 Mosaic 方法不仅提高了 Yolov4-tiny 算法的识别准确率，而且相对于 Yolov4 算法大大提高了船舶识别的检测速度。运用 m4 和 m9 方法的数据增强实验过程如图 3-9 所示。

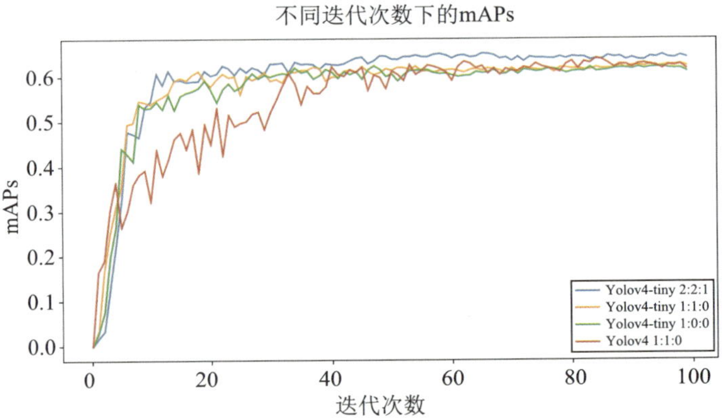

图 3-8　Yolov4-tiny 算法在不同迭代次数下的识别准确率

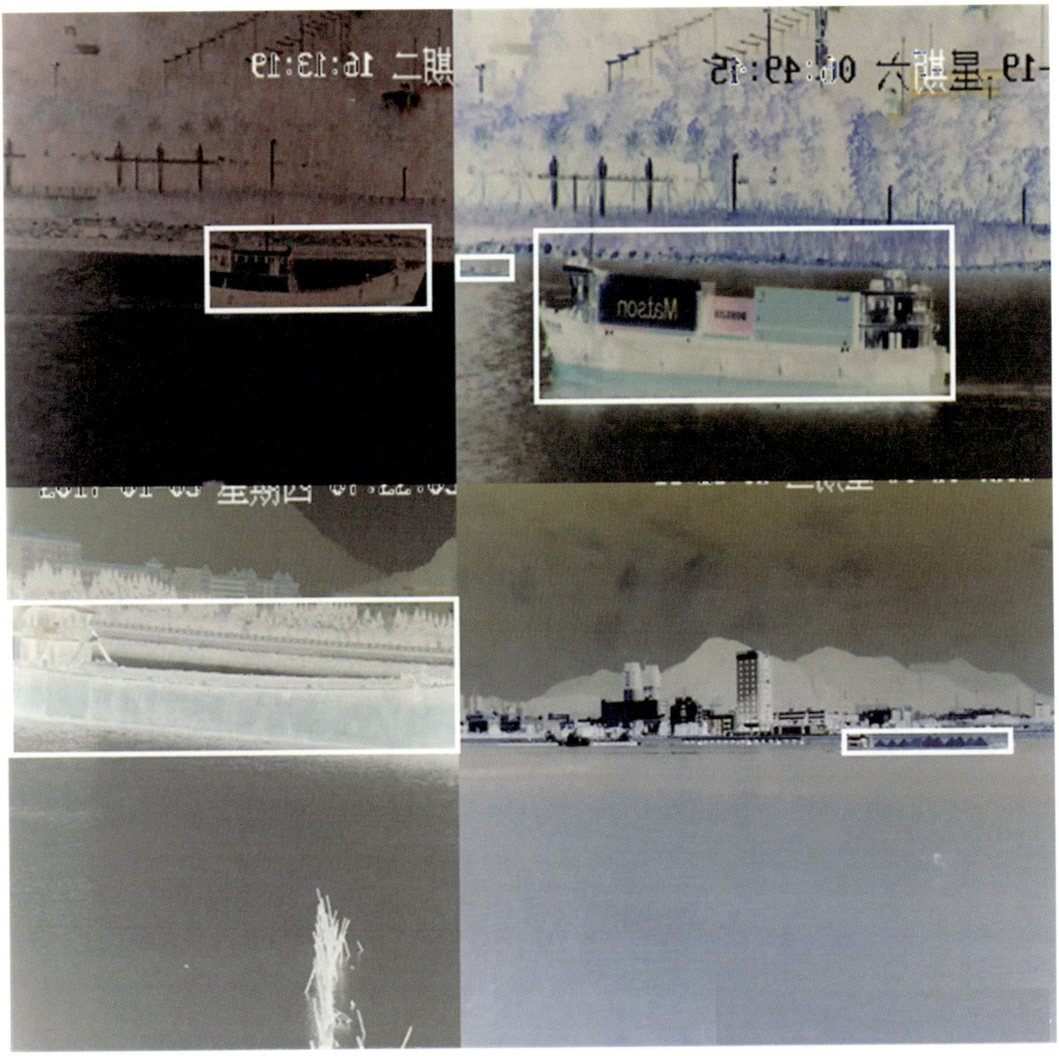

(a) m4

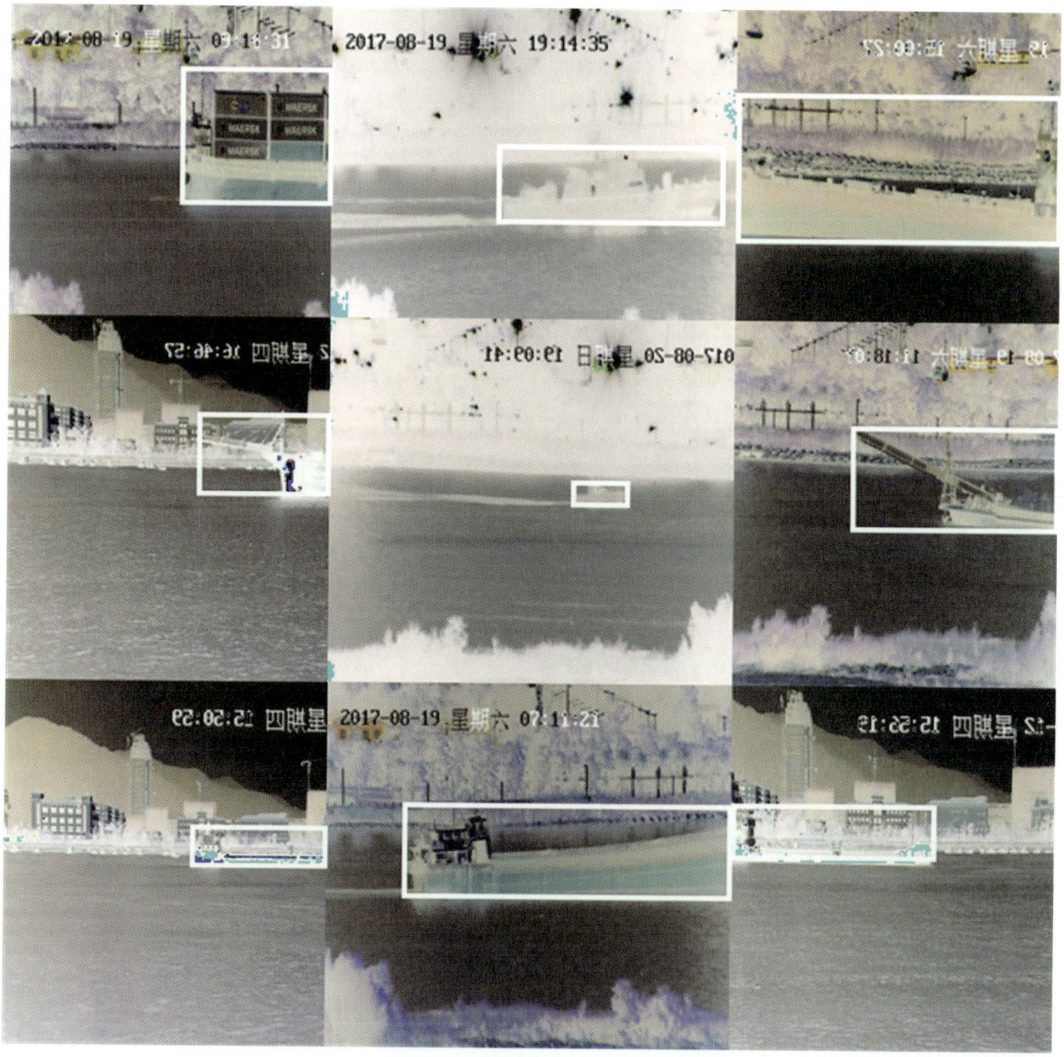

(b) m9

图 3-9　m4 与 m9 方法的实验过程示意图

图 3-8 中识别准确率最高的曲线是使用改进 Mosaic 方法进行训练的，其使用 m1、m4 和 m9 方法作为输入的概率按照比例 $o:p:q=2:2:1$ 来进行。为了探究比例的不同对识别准确率的影响，本章进行了多组实验比较，结果如表 3-4 所示。

表 3-4　不同比例下 Mosaic 数据增强方法对目标识别准确率的影响

算法类型	$o:p:q$	100 次迭代中的最高 mAP	后 20 次迭代中的平均 mAP	相对于原始 mosaic (1：1：0)的比例
Yolov4-tiny	1：0：0	62.28%	61.54%	99.27%
	1：1：0	62.56%	61.99%	100.00%
	1：1：1	62.39%	60.53%	97.64%

续表

算法类型	$o:p:q$	100 次迭代中的最高 mAP	后 20 次迭代中的平均 mAP	相对于原始 mosaic(1∶1∶0)的比例
Yolov4-tiny	1∶2∶1	61.88%	60.10%	96.95%
	2∶1∶1	63.11%	61.44%	99.11%
	2∶2∶1	65.06%	64.09%	103.39%
	3∶2∶1	63.78%	62.49%	100.81%
	4∶2∶1	63.31%	62.86%	101.40%
	4∶3∶2	62.98%	62.25%	100.42%
Yolov4	1∶1∶0	63.90%	62.56%	100.92%

从表 3-4 可以看出，相对于原始 Mosaic(1∶1∶0)方法，当满足 m4 为 2 倍的 m9 且 m1 大于等于 m4 时，识别算法会取得较好的结果，并且当 $o:p:q=2:2:1$ 及 4∶2∶1 时，其识别准确率将高于应用原始 Mosaic 方法的 Yolov4 算法。另外，并不是所有比例下的改进方法都占优，这说明了数据集应当以 m1 数据作为重点，让网络学习好目标的整体特征，在此基础上利用 m4 与 m9 分别对局部特征进行加强学习，提高网络的泛化能力。

为了进一步测试网络对重叠目标的识别能力，利用小型移动测试平台对海面进行实时检测，测试地点位于鼓浪屿(中国，厦门)。以一段在行进过程中发生重叠的两艘渔船的实时视频片段作为实验内容，计算网络在各个时刻的识别能力，视频片段分辨率为 1080p，时长 38 秒，每秒 24 帧，共 912 帧，测试结果如图 3-10 所示。实测实验中选用的权重文件为 100 次迭代中最高 mAP 所对应的权重。

图 3-10　重叠检测实验对比图

从图 3-10 可以看出，第 691 帧两艘船已经发生严重重叠时，使用改进 Mosaic 方法的 Yolov4-tiny 算法依然可以将两艘船同时识别出来，而使用原始 Mosaic 方法和未使用 Mosaic 方法的 Yolov4-tiny 算法只能识别其中的一艘船。在第 756 帧两艘船正在摆脱重叠的过程中，使用改进 Mosaic 方法和原始 Mosaic 方法的 Yolov4-tiny 算法已经可以将两艘船同时识别出来，而未使用 Mosaic 方法的 Yolov4-tiny 算法依然只能识别其中的一艘船。这进一步说明了改进 Mosaic 方法对提升重叠目标检测能力的有效性。

由于小型移动设备的算力有限，在 1080p 分辨率下识别速度较慢，因此对不同分辨率视频中的船舶目标进行检测测试，网络的识别速度如表 3-5 所示。

表 3-5　不同分辨率下的识别速度对比

网络类型	识别速度/fps				网络权重个数/个	网络权重大小/MB
	1080p	720p	480p	360p		
Yolov4-tiny	6.34	8.68	10.48	11.38	5 885 666	22.45
Yolov4	2.03	2.27	2.41	2.46	63 964 611	244.01

从表 3-5 可以看出，由于 Yolov4 网络结构较复杂，权重参数较多，导致其识别时需要的算力较高，因此在 4 种分辨率下的识别速度都很低，而 Yolov4-tiny 算法网络结构较简单，权重参数较少，识别时需要的算力较低。Yolov4-tiny 算法在 360p 视频分辨率下的识别速度为其在 1080p 视频分辨率下的 179.50%，为 Yolov4 算法在 360p 视频分辨率下的识别速度的 462.60%。

由于不同分辨率下不同算法的识别速度不同，因此改进 Mosaic 在不同分辨率下的识别能力的重要性便不言而喻。于是，通过对比在重叠开始至重叠结束的区间内，以应用不同 Mosaic 方法的 Yolov4-tiny 算法将两艘船正确识别并分离的帧个数，判断其对于重叠问题的识别能力，具体实验结果如表 3-6 所示。

表 3-6　三种 Mosaic 方法在不同分辨率下的对于重叠问题的识别能力对比

视频分辨率	$o:p:q$	无法分离开始的帧数	无法分离结束的帧数	无法分离的帧个数/个	无法分离的时间/秒	无法分离的时间相对于原始 Mosaic 方法(1∶1∶0)的比例
1080p	1∶0∶0	654	804	151	6.29	196%
	1∶1∶0	676	752	77	3.21	100%
	2∶2∶1	692	755	64	2.67	83%
720p	1∶0∶0	649	810	162	6.75	210%
	1∶1∶0	673	752	80	3.33	104%
	2∶2∶1	691	755	65	2.71	84%
480p	1∶0∶0	650	912	263	10.96	342%
	1∶1∶0	658	753	96	4.00	125%
	2∶2∶1	692	755	64	2.67	83%
360p	1∶0∶0	649	912	264	11.00	343%
	1∶1∶0	656	754	99	4.13	129%
	2∶2∶1	692	756	65	2.71	84%

从表 3-6 中可以看出，随着分辨率的下降，各个算法对于重叠目标识别速度都有不同程度的减弱，其减弱的程度可以由无法分离的时间增长率来表示，如图 3-11 所示。由此可见，使用改进 Mosaic 方法的 Yolov4-tiny 算法在 4 种不同的分辨率下都取得较大了优势，不仅在船舶目标产生重叠时，无法分离重叠目标的时间较短，而且在分辨率发生下降时也可以维持高识别率。

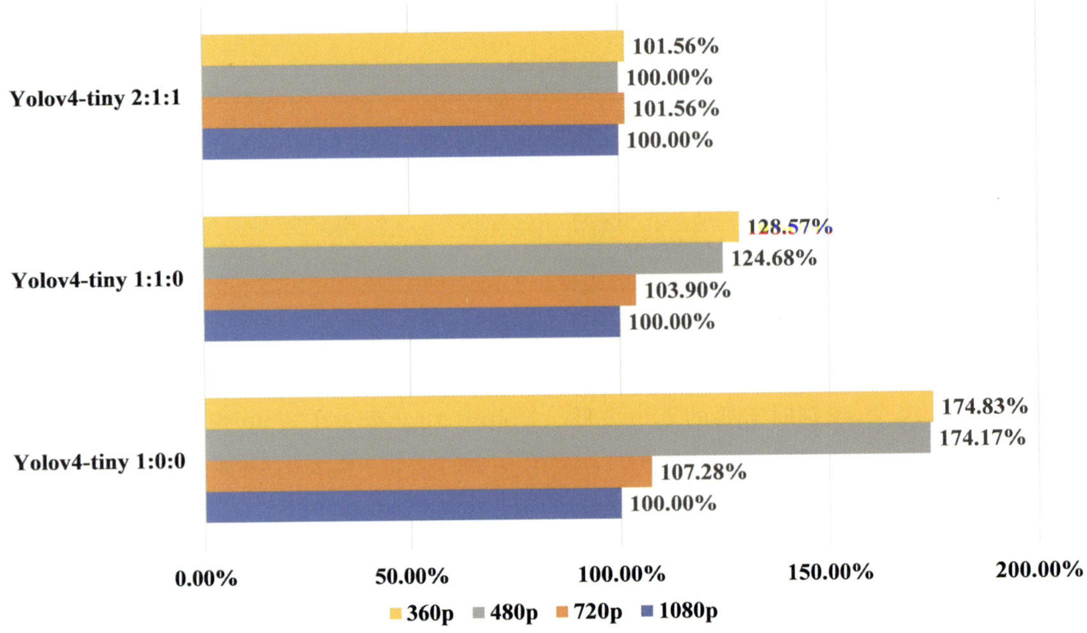

图 3-11　三种 Mosaic 方法在不同分辨率下无法分离的时间增长率

实验证明，改进 Mosaic 数据增强方法对船舶重叠目标的识别效果有一定的提升，应用于 Yolov4-tiny 算法可以部署于小型移动设备，可以灵活地装配在各类平台上，从而实现在离线状态下对海面船舶目标的实时监测。

3.4　结　　论

本章以 Yolov4-tiny 算法为实验基础，提出了一种改进的马赛克数据增强方法，并对马赛克填充的不同比例进行了对比试验，探究其对船舶重叠目标检测准确率的影响。在仿真实验中，对船舶数据集进行分析，以数据集中的船舶重叠目标作为检测对象，相对于原始算法，改进后的方法在测试数据集的识别准确率上提高了 2.5%，达到了与原始 Yolov4 算法同样的检测效果，提升准确率的同时降低了算力的消耗。在实测实验中，将算法部署在小型移动测试平台上进行实测，相对于原始算法，改进后方法的目标丢失时间减少了 17%，在不同视频分辨率下的识别稳定性上提高了 27.01%。因此，目标识别算法经过改进的马赛克数据增强方法训练后，可以提升其对船舶重叠目标的识别能力。

参考文献

[1] GUO H, XI Y, WANG N. A CenterNet++ model for ship detection in SAR images[J]. Pattern Recognition, 2021, 112:107787.

[2] LI L, ZHOU Z, WANG B. A novel CNN-based method for accurate ship detection in HR optical remote sensing images via rotated bounding box [J]. IEEE Transactions on Geoscience and Remote Sensing, 2021, 59(1):686-699.

[3] FU J, SUN X, WANG Z. An anchor-free method based on feature balancing and refinement network for multiscale ship detection in SAR images [J]. IEEE Transactions on Geoscience and Remote Sensing, 2021, 59(2):1331-1344.

[4] WAN J, LI J, LAI Z. Robust face alignment by cascaded regression and de-occlusion[J]. Neural Networks, 2020, 123:261-272.

[5] CHOWDHURY P, SHIVAKUMARA P, KANCHAN S. Graph attention network for detecting license plates in crowded street scenes[J]. Pattern Recognition Letters, 2020, 140:18-25.

[6] LIU T, LUO W, MA L. Coupled network for robust pedestrian detection with gated multi-layer feature extraction and deformable occlusion handling[J]. IEEE Transactions on Image Processing, 2021, 30:754-766.

[7] GIRSHICK R, DONAHUE J, DARRELL T. Rich feature hierarchies for accurate object detection and semantic segmentation [A]. 2014 IEEE Conference on Computer Vision and Pattern Recognition [C]. Columbus, OH, USA: IEEE computer society, 2014, 580-587.

[8] GIRSHICK R. Fast R-CNN[A]. 2015 IEEE International Conference on Computer Vision (ICCV) [C]. Santiago, USA: IEEE computer society, 2015,1440-1448.

[9] REN S, HE K, GIRSHICK R. Faster R-CNN: Towards real-time object detection with region proposal networks[J]. IEEE Transactions on Pattern Analysis and Machine Intelligence, 2017, 39(6):1137-1149.

[10] HE K, GKIOXARI G, DOLLÁR P. Mask R-CNN[J], IEEE Transactions on Pattern Analysis and Machine Intelligence, 2020, 42(2)386-397.

[11] LIU W, ANGUELOV D, ERHAN D. SSD: Single shot multibox detector[A]. European Conference on Computer Vision[C]. Cham, Switzerland: Springer, 2016, 21-37.

[12] REDMON J, DIVVALA S, GIRSHICK R. You only look once: Unified, real-time object detection[A]. 2016 IEEE Conference on Computer Vision and Pattern Recognition (CVPR)[C]. NV, Las Vegas, USA: IEEE computer society, 2016, 779-788.

[13] REDMON J, FARHADI A. YOLO9000: Better, faster, stronger[A]. 2017 IEEE Conference on Computer Vision and Pattern Recognition (CVPR)[C]. HI, Honolulu, USA: IEEE computer society, 2017, 6517-6525.

[14] REDMON J, FARHADI A. YOLOv3: An incrementalimprovement[EB/OL]. https://arxiv. org/abs/1804. 02767 , 2018.

[15] BOCHKOVSKIY A, WANG C, LIAO H. YOLOv4: Optimal speed and accuracy

of objectdetection[EB/OL]. https://arxiv.org/abs/2004.10934 , 2020.

[16] JIANG M, RAO Y, ZHANG J. Automatic behavior recognition of group-housed goats using deep learning[J]. Computers and Electronics in Agriculture, 2020, 177:105706.

[17] YU A, SHEN Y, SHEN C. A real-time detection approach for bridge cracks based on YOLOv4-FPM[J]. Automation in Construction, 2021, 122:103514.

[18] ALBAHLI S, NIDA N, IRTAZA A. Melanoma lesion detection and segmentation using YOLOv4-DarkNet and active contour [J]. IEEE Access, 2020, 8: 198403-198414.

[19] LOFFE S, SZEGEDY C. Batch Normalization: accelerating deep network training by reducing internal covariate shift[EB/OL]. https://arxiv.org/abs/1502.03167, 2015.

[20] XU B, WANG N, CHEN T. Empirical evaluation of rectified activations in convolutionalnetwork[EB/OL]. https://arxiv.org/abs/1505.00853 , 2015.

[21] WANG C, LIAO M, WU Y. CSPNet: A new backbone that can enhance learning capability of CNN[A]. 2020 IEEE/CVF Conference on Computer Vision and Pattern Recognition Workshops (CVPRW)[C]. Seattle, WA, USA: IEEE computer society, 2020, 1571-1580.

[22] LIN T, DOLLÁR P, GIRSHICK R. Feature pyramid networks for object detection[A]. 2017 IEEE Conference on Computer Vision and Pattern Recognition (CVPR)[C]. HI, Honolulu, USA: IEEE computer society, 2017, 936-944.

[23] YUN S, HAN D, CHUN S. CutMix: Regularization strategy to train strong classifiers with localizable features[A]. 2019 IEEE/CVF International Conference on Computer Vision (ICCV)[C]. Seoul, Korea (South): IEEE computer society, 2019, 6022-6031.

[24] ZHENG Z, WANG P, LIU W. Distance-IoU loss: Faster and better learning for bounding box regression[A]. Proceedings of the 3I Conference on Artificial Intelligence [C]. NewYork, USA:AAAI press, 2020, 34(07): 12993-13000.

[25] EVERINGHAM M, VAN G, WILLIAMS C. The pascal visual object classes (VOC) challenge[J]. International journal of computer vision, 2010, 88(2): 303-338.

[26] LIN T, MAIRE M, BELONGIE S. Microsoft coco: Common objects in context[A]. European Conference on Computer Vision[C]. Cham, Switzerland: Springer, 2014, 740-755.

[27] SHAO Z, WU W, WANG Z. Seaships: A large-scale precisely annotated dataset for ship detection[J]. IEEE transactions on multimedia, 2018, 20(10): 2593-2604.

第 4 章
基于 SSD 算法的船舶小目标识别方法

4.1 引　　言

目标检测[1]是计算机视觉领域中的一个重要研究方向，也是其他复杂视觉任务的基础。作为图像理解和计算机视觉的基石，目标检测是解决分割、场景理解、目标跟踪、图像描述和事件检测等更高层次视觉任务的基础。小目标检测长期以来是目标检测中的一个难点，其旨在精准检测出图像中可视化特征极少的小目标。在现实场景中，由于小目标大量存在，因此小目标检测具有广泛的应用前景，在自动驾驶、智慧医疗[2]、缺陷检测和航拍图像分析[3]等诸多领域发挥着重要的作用。近年来，深度学习技术的快速发展，为小目标检测注入了新鲜血液，使其成为研究热点[4]。然而，相对于常规尺寸的目标，小目标通常缺乏充足的外观信息，因此难以将它们与背景或相似的目标区分开来。在深度学习的驱动下，尽管目标检测算法已取得了重大突破，但是对于小目标的检测仍然是不尽如人意的。在目标检测公共数据集 MS COCO[5]上，小目标和大目标在检测性能上存在显著差距，小目标的检测性能通常只有大目标的一半[3]。由此可见，小目标检测仍然是充满挑战的。此外，真实场景是错综复杂的，通常会存在光照剧烈变化、目标遮挡、目标稠密相连和目标尺度变化等问题，而这些因素对小目标特征的影响是更加剧烈的，进一步加大了小目标检测的难度[6]。

一般而言，海面信息可以通过红外线感知[7]、毫米波雷达感知[8]、光学图像感知[9]等技术进行获取。同其他感知技术相比，光学图像感知技术具有如下优点[10,11]：

(1)可以同时获得目标的色彩、运动、行为、类别等丰富的细节信息。

(2)不容易受温度、杂乱电磁波的干扰。

(3)容易获取，信息量大。

(4)设备成本低，易于普及应用。

本章数据集选取的是 SeaShip7000[12]数据集，该数据集在不同的季节、不同的月份，从上午 6：00 到下午 20：00 采集视频，以确保数据集的多样性，包括各种复杂环境中的不同船型、船体部件、尺度、视点、照明和不同的遮挡程度。

4.2 相关工作

对于机场跑道，路面上会有微小物体，如螺帽、垫圈、螺钉、钉子和保险丝等，如果能精准地检测出跑道的这些小异物，那么将避免重大的航空事故和经济损失。

对于自动驾驶[13]，从汽车的高分辨率场景照片中准确地检测出可能引起交通事故的小物体是非常有必要的。

对于工业自动化[14]，同样需要小目标检测来定位材料表面可见的小缺陷。

综上所述，小目标检测具有广泛的应用价值和重要的研究意义。对小目标检测展开研究将有助于推动目标检测领域的发展，扩宽目标检测在现实世界的应用场景，目标检测作为计算机视觉的基础研究，已有许多优秀的综述论文发表。海洋交通领域[15]，基于视觉信息对海面小目标船体识别的研究极少，本章针对海面小目标船体识别，识别出图像中的小船体，并区分出该船体属于哪一类船。就像在真实航海过程中，拍摄设备最初拍摄到的目标都是远处的小目标，此外，还有一些近处的体积本来就很小的船体，如何准确识别小目标的船体是研究的关键，但在目前可获取的数据集中，小目标船舶数目较少。ImageNet[16]、PASCAL VOC[17]和COCO[5]是用于识别和检测多个静态目标的经典数据集。虽然这些数据集也包含船舶目标，但数量相对较少，类别也不丰富，通常只有一个标签船，现在还没有一个专门的船体小目标数据集用于小船体目标识别研究。

本章提出一种思路，用大目标船舶数据集作为训练集，用小目标船舶数据集作为测试集。在训练数据集时，也会对数据集图片进行增强。本章用到的数据集为 SeaShip7000，该数据集中包括六类船，分别为：矿石运输船、散货船、普通货船、集装箱船、渔船、客船。通过单发多箱检测器（Single Shot Multibox Detector, SSD）[18]网络模型训练数据集，在训练数据集时，也对数据集图片进行随机增强，使训练出的模型性能更强[19]，能够更准确地识别出小目标船体。

4.3 SSD 网络模型

SSD[12]采用的主干网络是视觉几何群网络（Visual Geometry Group Network，VGG）网络[20]，在 VGG 网络上进行以下修改得到 SSD 网络模型。

（1）VGG16 的第六层为全连接层（fc6），第七层也为全连接层（fc7），将这两层转化为卷积层。

（2）去掉所有的剩余层（Dropout）和第八层全连接层（fc8）。

（3）新增了第六个卷积层（Conv6）、第七个卷积层（Conv7）、第八个卷积层（Conv8）、第九个卷积层（Conv9）。

如图 4-1 所示，输入的图片经过了改进的 VGG 网络(Conv1-fc7)和几个另加的卷积层(Conv6-Conv9)，进行特征提取。

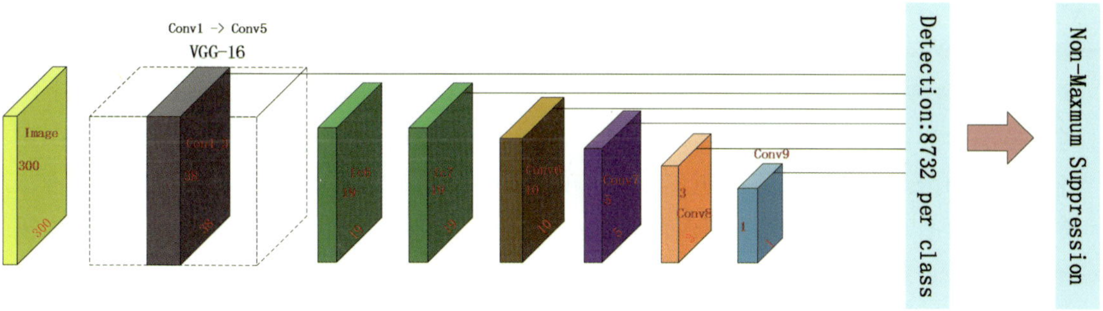

图 4-1　SSD 网络模型

表 4-1　构建 SSD 模型步骤

步骤	具体操作
A	输入一张图片后，图片被调整成 300×300 的大小
B	Conv1，经过两次[3,3]卷积网络，输出的特征层为 64，输出网络为(300,300,64)，再 2×2 最大池化，该最大池化步长为 2，输出网络为(150,150,64)
C	Conv2，经过两次[3,3]卷积网络，输出的特征层为 128，输出网络为(150,150,128)，再 2×2 最大池化，该最大池化步长为 2，输出网络为(75,75,128)
D	Conv3，经过三次[3,3]卷积网络，输出的特征层为 256，输出网络为(75,75,256)，再 2×2 最大池化，该最大池化步长为 2，输出网络为(38,38,256)
E	Conv4，经过三次[3,3]卷积网络，输出的特征层为 512，输出网络为(38,38,512)，再 2×2 最大池化，该最大池化步长为 2，输出网络为(19,19,512)
F	Conv5，经过三次[3,3]卷积网络，输出的特征层为 512，输出网络为(19,19,512)，再 3×3 最大池化，该最大池化步长为 1，输出网络为(19,19,512)
G	利用卷积代替全连接层，进行了一次[3,3]卷积网络和一次[1,1]卷积网络，分别为 fc6 和 fc7，输出的通道数为 1 024，因此输出的网络为(19,19,1024)。(从这里往前都是 VGG 的结构)
H	Conv6，经过一次[1,1]卷积网络，调整通道数，一次步长为 2 的[3,3]卷积网络，输出的通道数为 512，因此输出的网络为(10,10,512)
I	Conv7，经过一次[1,1]卷积网络，调整通道数，一次步长为 2 的[3,3]卷积网络，输出的通道数为 256，因此输出的网络为(5,5,256)
J	Conv8，经过一次[1,1]卷积网络，调整通道数，一次 padding 为 valid 的[3,3]卷积网络，输出的通道数为 256，因此输出的网络为(3,3,256)
K	Conv9，经过一次[1,1]卷积网络，调整通道数，一次 padding 为 valid 的[3,3]卷积网络，输出的特征层为 256，因此输出的网络为(1,1,256)

表 4-1 中的 $Conv_i$ 表示第 i 个卷积层，其中 i 是变量，取值为 1～9。表中步骤 A 对应图 4-1 网络模型中的第一个黄色图片，表示输入的图片被重新调整成 300×300 的大小；步骤 B—F 对应网络模型中的第二个长方体，从 VGG 网络的第 1 个卷积层（Conv1）到第 5 个卷积层（Conv5）的特征提取过程；步骤 G 对应图 4-1 网络模型中的第三个和第四个绿色长方体，第三个和第四个绿色长方体分别表示全连接层（fc6）和全连接层（fc7）；步骤 H 对应图 4-1 网络模型中的第五个棕色长方体矩形，表示第六个卷积层（Conv6）；步骤 I 对应图 4-1 网络模型中的第六个紫色长方体矩形，表示第七个卷积层（Conv7）；步骤 J 对应图 4-1 网络模型中的第七个橙色长方体矩形，表示第八个卷积层（Conv8）；步骤 K 对应图 4-1 网络模型中的第八个蓝色长方体矩形，表示第九个卷积层（Conv9）。

由图 4-1 所示的 SSD 网络模型可知，分别取：Conv4 的第三次卷积的特征；fc7 卷积的特征；Conv6 的第二次卷积的特征；Conv7 的第二次卷积的特征；Conv8 的第二次卷积的特征；Conv9 的第二次卷积的特征。共六个特征层进行下一步的处理。为了和普通特征层区分，我们称之为有效特征层，来获取预测结果。

对获取到的每一个有效特征层，我们都需要对其做两个操作，分别是：一次先验框的数量（num_anchors）× 4 的卷积，一次先验框的数量（num_anchors）× 类别数量（num_classes）的卷积，其中英文的含义如表 4-2 所示。

表 4-2 英文名称及对应含义

英文名称	代表含义
num_anchors	特征层每一个特征点所拥有的先验框数量
num_classes	类别的数量

上述提到的六个特征层，每个特征层的每个特征点对应的先验框数量分别为 4、6、6、6、4、4。

上述操作分别对应的对象为：

（1）num_anchors×4 的卷积用于预测该特征层上每一个网格点上每一个先验框的变化情况。

（2）num_anchors×num_classes 的卷积用于预测该特征层上每一个网格点上每一个预测对应的种类。

4.4 评估指标

平均精度[12]均值（mean average precision，mAP）是不同类别的 AP 值的均值。平均精度（average precision，AP）是在多标签分类中衡量分类结果的一种评价指标，对于具有 n 个样本的数据集，对每个样本的真实标签和预测概率进行计算，最后取平均。

精确度（precision，P）：分类器认为是正例并且确实是正例的部分占所有分类器认为

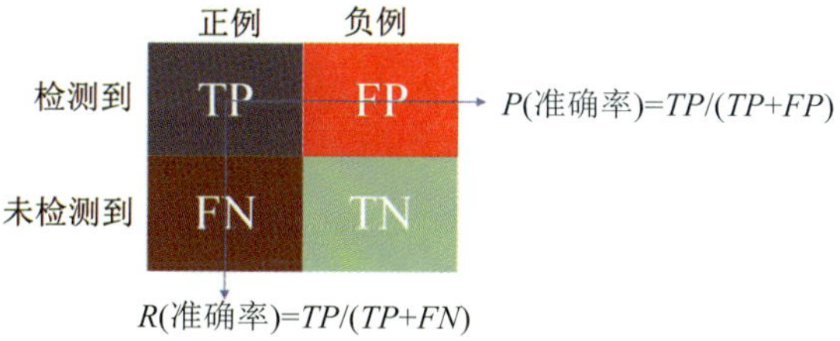

图 4-2　准确率召回率

是正例的比例，计算公式为：$TP/(TP+FP)$。

召回率(Recall，R)[13]：分类器认为是正例并且确实是正例的部分占所有确实是正例的比例，计算公式为：$TP/(TP+FN)$。

TP(True Positives)：即真实正样本，被分类器分为了正样本，并且分对了。分类器认为是正样本，并且确实是正样本。

TN(True Negatives)：即真实负样本，被分类器分为了负样本，并且分对了。分类器认为是负样本，并且确实是负样本。

FP(False Positives)：假的正样本，被分类器分为了正样本，但是分错了。分类器认为是正样本，但是事实上是负样本。

FN(False Negatives)：假的负样本，被分类器分为了负样本，但是分错了。分类器认为是负样本，但是事实上是负样本。

mAP 相对于精确度、召回率是能够反映全局性能的指标。如果一个系统的性能较好，其曲线应当尽可能地向上突出，更加具体的，曲线与坐标轴之间的面积应当越大。最理想的系统，其包含的面积应当是 1，而所有系统包含的面积都应当大于 0。这就是用以评价信息检索系统的最常用性能指标，平均准确率 mAP 其规范的定义如式(4-1)所示，其中 P，R 分别为准确率与召回率。相关的 mAP 曲线图会在实验部分展示出来。

$$mAP = \int_0^1 P(R)\mathrm{d}R \tag{4-1}$$

式(4-1)中，$P(R)$是精确度 P 对于召回率 R 的函数，R 是积分变量，mAP 的值等于$P(R)$在区间[0,1]上的积分。

4.5　实验数据集

本章采用了 SeaShip 7000 数据集，该数据集共 7 000 张图片，所有图像都来自大约 10 080个真实世界的视频片段，这些片段是由部署的海岸线视频监控系统中的监控摄像头获取的。它们经过精心挑选，主要涵盖所有可能的成像变化，例如不同的比例、船体部分、照明、视点、背景和遮挡。包含矿石运输船、散货船、普通货船、集装箱船、渔船、客船 6 类船，其中小目标有 160 张图片。

在这个数据集中，156个摄像头部署在横琴岛西北边界周围的50个不同地点，覆盖总面积53平方公里的沿海地区。从部署在海岸周围45个不同位置的45个摄像机中为数据集选择图像。对于每台摄像机，在2017年和2018年的1月、4月、8月和10月，每天从上午6：00到下午20：00采集视频。为了使数据集更加多样化以包含所有可能的情况，所选图像涵盖了一组特征，包括各种复杂环境中的不同船型、船体部件、尺度、视点、照明和不同的遮挡程度。

由于海洋环境的复杂性，需要考虑所有影响因素以确保数据集的多样性。尽管采用适当的数据增强方法会产生一些可能存在于船舶检测问题中的格式失真，但一些现实世界的数据，就其本质而言，可能还难以预测。因此，真实数据是船体检测的首选。数据集的多样性主要体现在以下方面。

(1) 场景选择。在大多数检测任务尤其是人脸识别中，检测精度很少受背景的影响。由于面部区域填充在规则矩形中，因此背景变化，很容易与背景分离。但与人脸不同的是，船的形状非常不规则，这会导致标注的边界框内包含大量背景信息(示例见图4-3)。背景信息将被识别为船舶特征并影响最终检测精度。为了避免单一背景的影响，该数据集收集了45个不同背景下的船舶数据，其中5个如图4-3所示。

图4-3　不同背景下的散货船

(2) 光照环境。由于用于提取船舶图像的摄像机放置在自然环境中，不同时间段的光照差异尤为显著。我们通过选择不同时期的视频来收集不同光照条件下的图像。

(3) 可视比例。由于摄像机中的大多数船都在移动，因此在进入和离开摄像机视野时，屏幕上只会出现部分船体。实际上，它们仍然属于需要检测的对象。因此，需要以不同的可见比例对完整的船体和不完整的船体部分进行标注。

(4) 遮挡。由于 SeaShips 的数据是从广阔的海域收集的，我们发现在一些图像中有不止一艘船在航行，彼此高度遮挡。忽略遮挡显然是不合理的。该数据集中收集了尽可能多的遮挡数据，以便后续训练模型能够轻松应对遮挡。

通常，图像中的对象被标记为船舶或背景。虽然不同的船型共享一些基本的元素，如甲板和船尾，但不同的船型在形状和外观上差异很大。这种类内差异使得难以执行精确类别的船舶检测。SeaShip 7000 为船舶提供更细化的标签，将海域中的所有船舶分为六类：矿石运输船、散货船、杂货船、集装箱船、渔船和客船。其他类型的油轮、驳船等在海域很少出现，也属于货船的一部分。因此，这六类船舶大致涵盖了监控系统中出现的所有船舶类别。

图 4-4 显示了每个类别的一些示例图像。为了显示方便，图像都被调整为相似的大小。每个类别的船有 5 种不同的背景，这些不同的背景可能是因为天气不同，也可能是因为拍摄角度的不同。六种船在不同天气、不同角度下拍摄的影像更加增加了数据集的多样性。

(a)矿石运输船　　　　(b)散货船

(c)杂货船

(d)集装箱船

(e)渔船

(f)客船

图 4-4　六类不同的船在不同的背景下的图片

除了整个船体出现在摄像机中的情况外,我们还对只有部分船体出现在摄像机中的船只进行了标注。以集装箱船为例,图 4-5 显示了从进入到离开相机范围的 12 个带标注的船舶边界框。这样只显示局部船体图像的图片更加增加了该数据集的多样性。本章用该数据集训练出来的网络也可以识别出只有一部分船体的图片,如图 4-5 所示。

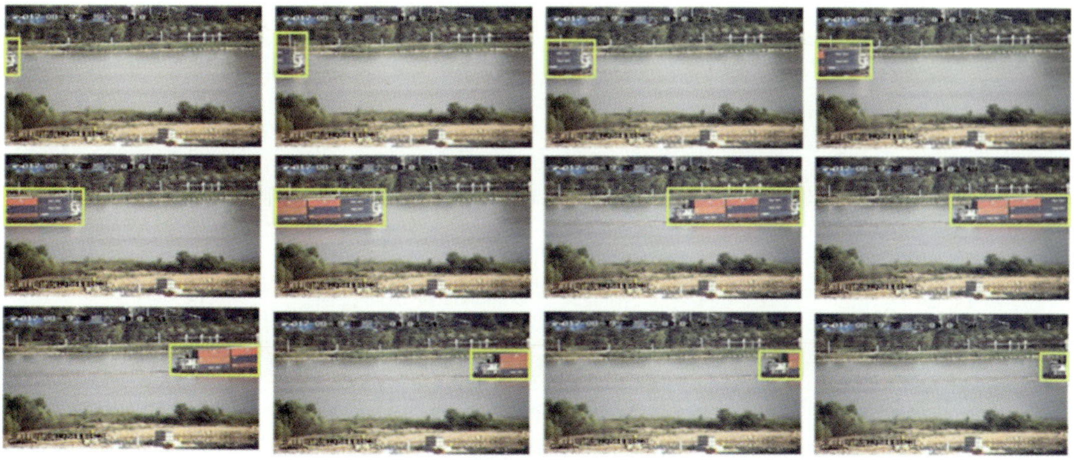

图 4-5　集装箱船不同标注的船体部件

图 4-6(a)是数据集中的图片,图 4-6(b)是本章识别出来的图片,由图 4-6(b)可以看出,图中左侧船体被识别为渔船的准确度为 1.00,说明本章识别这种局部船体还是比较准确的。

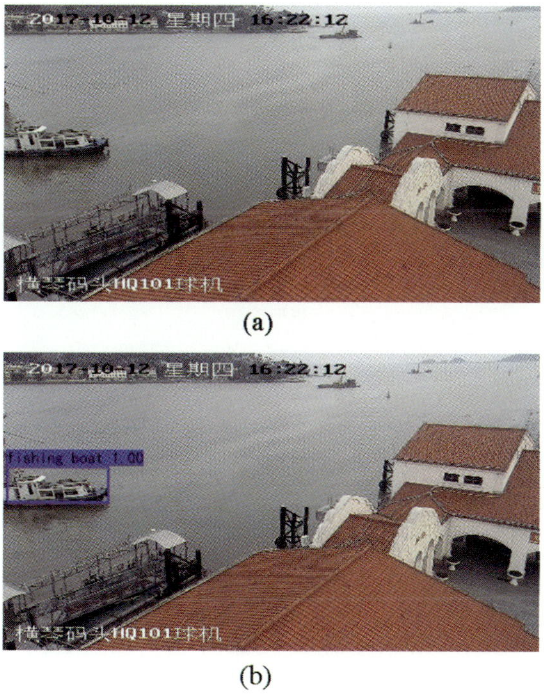

图 4-6　局部船体识别效果

SeaShip 数据集收集了同一艘船不同尺度的样本边界框。图 4-7 显示了相机面向大海时散货船的三种比例，显示了 3 种散货船在摄像机侧视时的比例。通过这种方式，为所有 6 个定义的船舶类别收集了不同尺度的图像。如图 4-16 所示，本章训练出的模型可以识别到不同比例大小的船体。

(a) (b) (c)

图 4-7　相机拍摄同一个船的三种不同比例

向左看、向中间看和向右看，主要使用这三个视点来描述视角。图 4-8 显示了一艘渔船在 6 个不同的子视点由一台摄像机记录的示例图像。图 4-8 中，可以以后面的山脉背景作为参照物，这六张图，每张图的视角都是不一样的，这更加丰富了数据集的多样性。

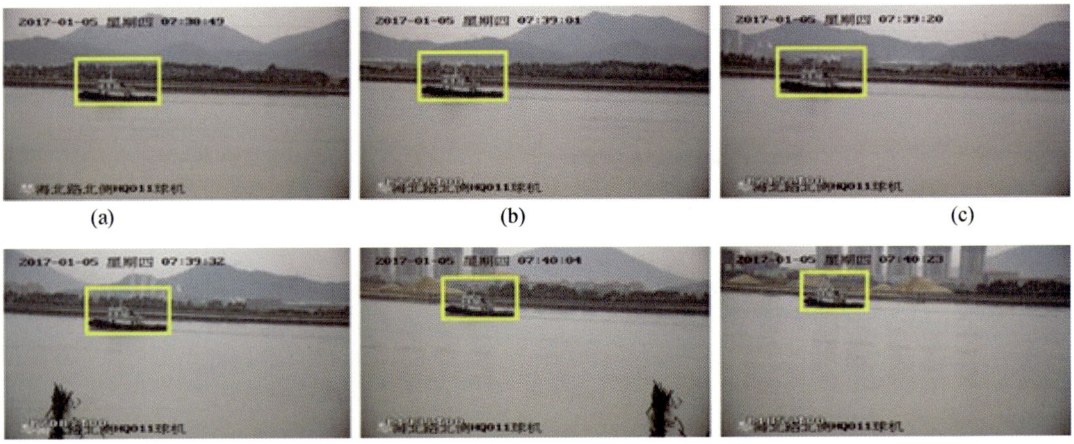

(a) (b) (c)

(d) (e) (f)

图 4-8　同一艘渔船的六个不同视角

图 4-9 呈现了不同照明条件的示例图像。我们提出的数据集中考虑了所有这些条件。为了获取不同光照条件下的图像数据，该数据集在 1 月、4 月、8 月和 10 月从早上 6：00 到晚上 20：00 收集了视频。我们认为这 4 个月足以涵盖由季节变化或时间变化引起的所有可能的光照变化。图 4-9 说明了不同照明条件的示例图像。该数据集考虑了所有这些条件。

图 4-10 将所有存在遮挡的图像分组在一起，并粗略比较它们的遮挡程度。我们发现超过 10%的图像在整个数据集中包含遮挡，其中一些甚至具有高遮挡率（>0.9）。这使得 SeaShips 数据集成为更具挑战性的遮挡处理数据集。

(a)　(b)　(c)　(d)

图 4-9　图中各列分别为 1 月、4 月、8 月和 10 月所对应的不同照明的示例图像

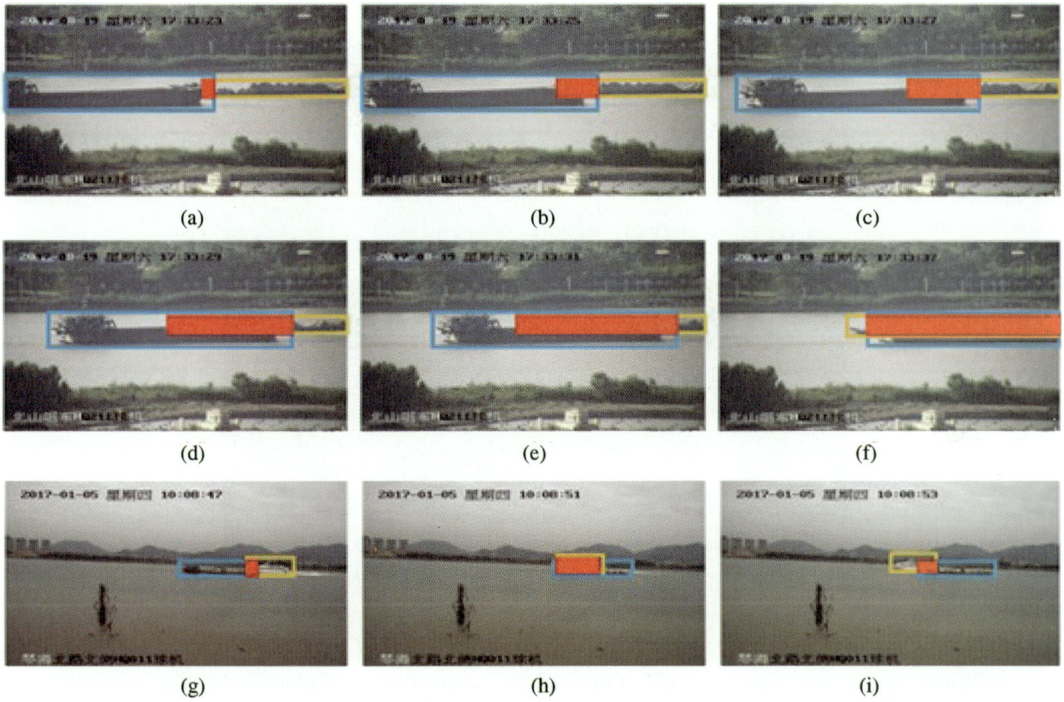

图 4-10　不同遮挡程度的示例图像(第一行和第三行对应合理的遮挡情况,第二行高度遮挡)

现存的船舶数据集很少有小目标的,如 ImageNet[10]、PASCAL VOC[11] 和 COCO[12] 是用于识别和检测多个静态目标的经典数据集。虽然这些数据集也包含船舶目标,但数量相对较少,类别也不丰富,通常只有一个标签船,而 Zhenfeng Shao, Wenjing Wu 等人在文献[6]中提出了 SeaShip7000。该数据集的多样性体现在不同船型、船体部件、尺度、视点、照明和不同的遮挡程度。该数据集可应用于以下实际应用:

(1) 提高海上船舶识别系统的检测精度,以实现更好的船舶定位和更精细的类别信息。

(2) 辅助实时船舶跟踪技术监控航行。

本章之所以选择该数据集,是因为它有以下几个优点:

(1) 该数据集中包括了矿石运输船、散货船、杂货船、集装箱船、渔船、客船 6 类船。

(2) 图像涵盖了一些特征，包括各种复杂环境中的不同船型、船体部件、尺度、视点、照明和不同的遮挡程度。

(3) 摄像头可以从不同的角度捕捉照片。通过转动高清球型摄像机，我们就可以看到从不同的角度拍摄的同一艘船的照片。如图 4-8 所示。

(4) 数据集中的图像是在不同季节不同月份拍摄的，分别在 1 月、4 月、8 月和 10 月从早上 6：00 到晚上 20：00 收集了视频。这 4 个月足以涵盖由季节变化或时间变化引起的所有可能的光照变化。如图 4-9 所示。

(5) 根据部署在不同位置的摄像机来研究背景多样性。

从图 4-7 至图 4-9 可以看出，该数据集不仅具有船舶种类多样性的特点，还在不同季节、不同月份、不同地点、不同角度、不同光照下拍摄了各种船的图片。相对来说是一个比较好的数据集。

该数据集中，小目标有 160 张图，作为测试数据集，这里给出了一张测试数据集的图片，如图 4-11 所示，其中部分图片中不仅包含小目标船体，而且还包含大船局部体像素特征；有的图不止包含一个小目标船体，还包含多个目标船体，如图 4-11 所示。除了小目标以外的图片作为训练数据集。

图 4-11　一张图里包含多个目标船体

由于训练数据集包括 6 类：矿石运输船、散货船、杂货船、集装箱船、渔船、客船，标签为 .xml 格式的文件中有需要检测的目标信息。训练网络的目的是区分这 6 类船舶，这 6 类船舶的英文名称及中文名称如表 4-3 所示。

表 4-3　船的种类英文及中文名称

各类船舶的英文	对应中文
ore carrier	矿石运输船
bulk cargo carrier	散货船
general cargo ship	杂货船
container ship	集装箱船
fishing boat	渔船
passenger ship	客船

训练好的权值文件会被保存下来，每个 epoch 都会保存一次，在实验中设置了 100 个 epoch，前 50 个 epoch 是冻结主干网络来进行训练的，后 50 个 epoch 是解冻主干网络来进行训练的。损失值的大小用于判断是否收敛，比较重要的是有收敛的趋势，即验证集损失不断下降，如果验证集损失基本上不改变的话，模型基本上就收敛了。

在训练初始阶段，加入了预训练权重，模型的预训练权重对不同数据集是通用的，因为特征是通用的。不用预训练权重的话主干网络的权值太过随机，特征提取效果不明显，网络训练结果也不会好。

训练分两个阶段，分别是冻结阶段和解冻阶段。先冻结主干网络进行训练，再解冻主干网络来训练网络参数。冻结网络和解冻网络时学习率（步长）设置是不同的，因为这两个阶段所占用的内存不一样。学习率设置的原则，如表 4-4 所示。

表 4-4　学习率的设置规则

	学习率大	学习率小
学习速度	快	慢
使用时间点	刚开始训练时	一定轮数后
副作用	1. 易损失值爆炸 2. 易振荡	1. 易过拟合 2. 收敛速度慢

冻结阶段训练参数，此时模型的主干被冻结，特征提取网络不发生改变，占用的显存较小，仅对网络进行微调。冻结主干网络时学习率设置的相对大一些：Freeze_lr＝$5e^{-4}$。

解冻阶段训练参数，此时模型的主干被冻结了，特征提取网络会发生改变，占用的现存较大，网络所有的参数都会发生改变。解冻主干网络时学习率设置的相对小一些：Freeze_lr＝$1e^{-4}$。

训练时，为了让训练数据集更加丰富多彩，对数据集进行数据增强，对图像进行以下操作：

（1）对图像进行缩放及长和宽的扭曲。

（2）将图像多余部分加上灰条。

（3）翻转图像。

（4）色域扭曲。

（5）对真实框进行调整。

真实框的处理分为两个部分，分别是：其一，找到真实框对应的先验框。其二，对真实框进行编码。

其一，找到真实框对应的先验框。

在这一步中，我们需要找到真实框所对应的先验框，代表这个真实框由某个先验框来负责预测，有以下几个步骤，对应图 4-12 的流程图。

（1）将每一个真实框和所有的先验框进行一个交并比（IoU）计算，这一步做的工作是计算每一个真实框和所有的先验框的重合程度。

（2）获得每一个真实框和所有的先验框的重合程度之后，选出和每一个真实框重合程度大于一定门限的先验框，代表这个真实框由这些先验框来负责预测。

(3) 由于一个先验框只能负责一个真实框的预测，所以如果某个先验框和多个真实框的重合度较大，那么这个先验框只负责与其 IoU 最大的真实框的预测。

(4) 找到每一个先验框所负责预测的真实框，在下一步中，根据这些真实框和先验框来获得网络的预测结果。

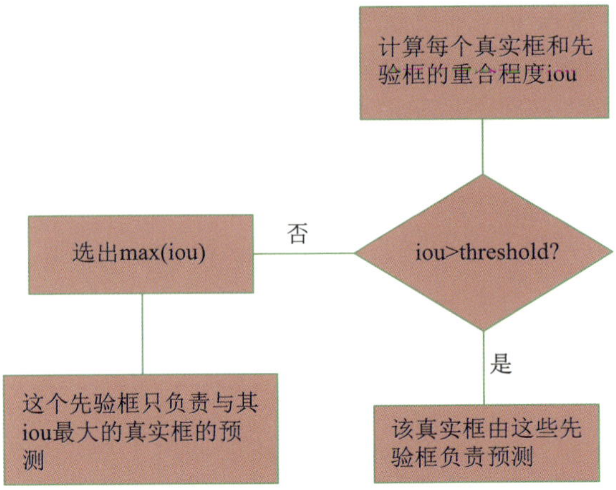

图 4-12　找先验框的步骤流程

图 4-12 中 IoU 表示真实框和先验框的交并比，max(IoU)表示选出最大的交并比的值，threshold 表示设置的阈值。

其二，对真实框进行编码。

利用 SSD 的主干网络我们可以获得六个有效特征层，分别是：Conv4 的第三次卷积的特征，fc7 卷积的特征，Conv6 的第二次卷积的特征，Conv7 的第二次卷积的特征，Conv8 的第二次卷积的特征，Conv9 的第二次卷积的特征。通过对每一个特征层的处理，我们可以获得每个特征层对应的三个内容，分别是：

(1) num_anchors × 4 的卷积，用于预测该特征层上每一个网格点上每一个先验框的变化情况。

(2) num_anchors × num_classes 的卷积，用于预测该特征层上每一个网格点上每一个预测框对应的种类。

(3) 每一个特征层的每一个特征点上对应的若干个先验框。

因此，我们直接利用 SSD 网络预测到的结果，并不是预测框在图片上的真实位置，需要解码才能得到真实位置。所以在训练的时候，如果我们需要计算 Loss 函数，这个 Loss 函数是相对于 SSD 网络的预测结果的。因此我们需要对真实框的信息进行处理，使得它的结构和预测结果的格式是一样的，这样的一个过程我们称之为编码(encode)。用一句话概括：编码的过程就是将真实框的位置信息格式转化为 SSD 预测结果的格式信息。也就是，我们需要找到每一张训练图片的每一个真实框对应的先验框，并求出如果想要得到这样一个真实框，我们的预测结果应该是怎样的。从预测结果获得真实框的过程被称作解码，而从真实框获得预测结果的过程就是编码的过程。因此我们只需要将解码过程逆过来就是编码过程了。

因此我们可以利用真实框和先验框进行编码，获得该特征点对应的该先验框应该有的预测结果。预测结果分为两个，分别是：num_anchors×4 的卷积、num_anchors×num_classes 的卷积，前者对应先验框的调整参数，后者对应先验框的种类，这个都可以通过先验框对应的真实框获得。

利用处理完的真实框与对应图片的预测，结果计算 Loss，Loss 的计算分为三个部分：

(1)获取所有正标签的框的预测结果的回归 Loss。

(2)获取所有正标签的种类的预测结果的交叉熵 Loss。

(3)获取一定负标签的种类的预测结果的交叉熵 Loss。

4.6　实验结果分析

实验测试了三种类型的小目标船舶，分别为渔船、杂货船、客船，这几种船的阈值都设置成 0.5，F1 值、召回率和精确度的值如表 4-5 所示。

从表 4-5 可以看出，杂货船和客船的 $F1$ 值非常高，渔船的 $F1$ 值比较高；杂货船和客船的召回率值非常高，渔船的召回率值为 64.55%，没有杂货船和客船的高；三种船的精确度都是 100.00%，精确度都很高。

表 4-5　三种船的各类评估指标值

船的种类	阈值	$F1$ 值	召回率	精确度
渔船	0.5	0.78	64.55%	100.00%
杂货船	0.5	1.00	100.00%	100.00%
客船	0.5	0.98	96.88%	100.00%

接下来展示了三种船的 mAP 值、平均误检率，以及各个船类别的 F1 值、AP 值、precision 和 recall 值所对应的图。

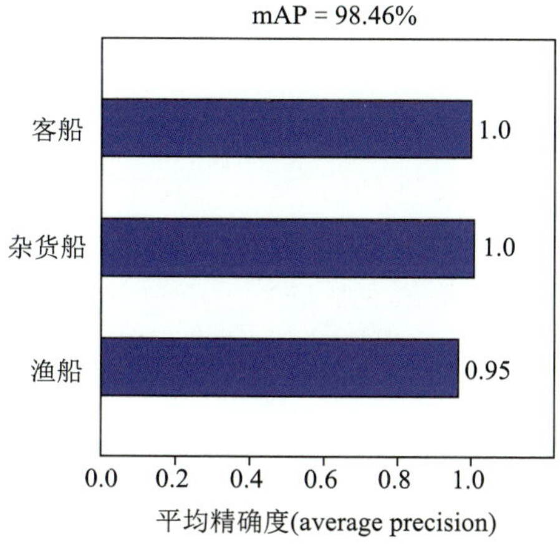

图 4-13　平均精确度(average precision)

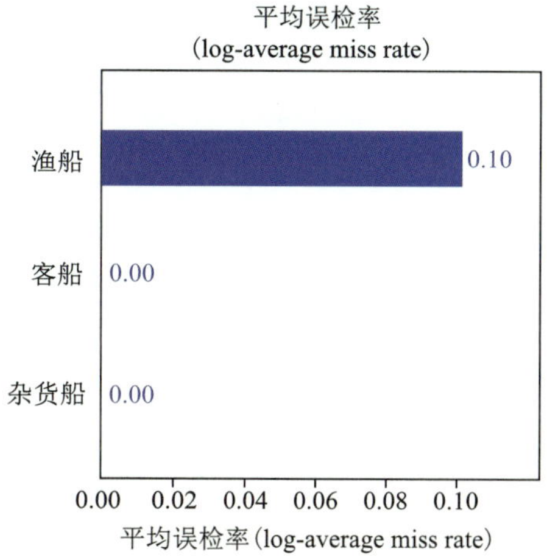

图 4-14　平均误检率(log—averages miss rate)

从图 4-13 和图 4-14 可以看出，渔船的检测正确率没有客船和杂货船那么高，这是因为有些渔船体型本身就小，拍摄点距离渔船还有一段距离，所以在图片中船体显得更小，如图 4-16 所示。

从图 4-15 可以看出，该算法识别出 189 个渔船、32 个客船、25 个杂货船，显而易见，这些船的数量加起来是 246，而测试集的图片只有 160 张。这是因为测试集的图片中，有的图片包含多个小目标船体，如图 4-16 所示，图片中不仅包含小目标还包含相对大一点的船体目标，该方法也都能识别出，相对大一点的船体识别的准确度更高。

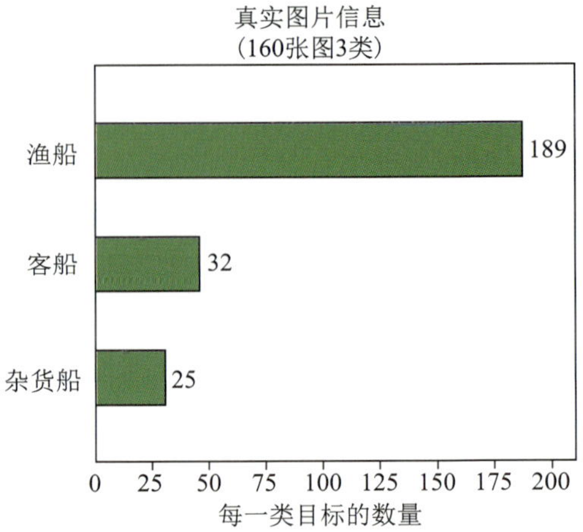

图 4-15　每一类目标的数量

图 4-16　不同尺度船体图

图 4-17～图 4-19 分别展示了客船、杂货船、渔船对应的 AP 值。其中，横坐标是召回率 Recall，纵坐标是精确度 Precision，曲线与两坐标轴围成的淡蓝色区域的面积表示了船的平均精确度，从图中可以看出，客船和散货船的面积等于 1，而渔船的面积也很接近 1，其面积没有客船和杂货船的大。

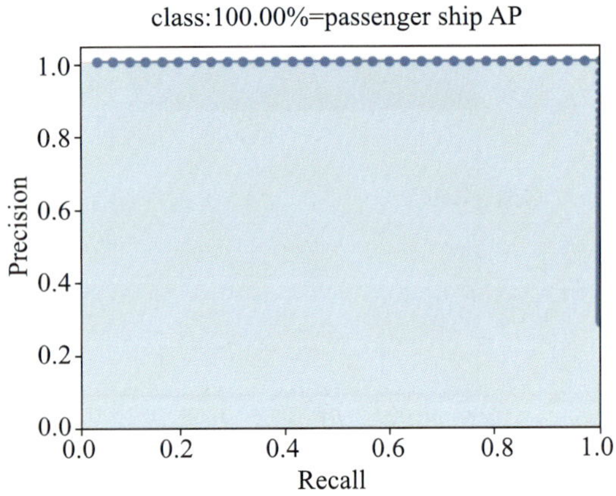

图 4-17　客船的 AP 值图

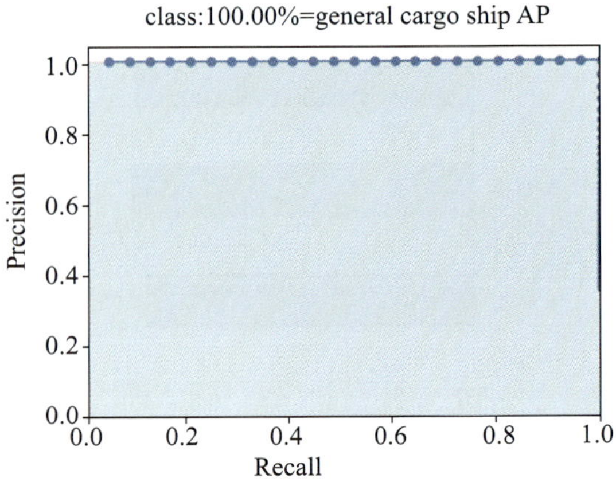

图 4-18　杂货船的 AP 值图

图 4-20～图 4-22 分别表示了客船、杂货船、渔船的 F1 值图，其中横坐标表示的是阈值，这里把阈值设置为 0.5，纵坐标表示的 F1 值，是精度和召回率的调和平均数。从这三张图可以看出，阈值为 0.5 时，客船和杂货船的 F1 值都极其接近1.0，而渔船的 F1 值显然在 0.8 附近，这就说明从 F1 值这个衡量标准来说，识别客船和杂货船精度比预测渔船精度高。

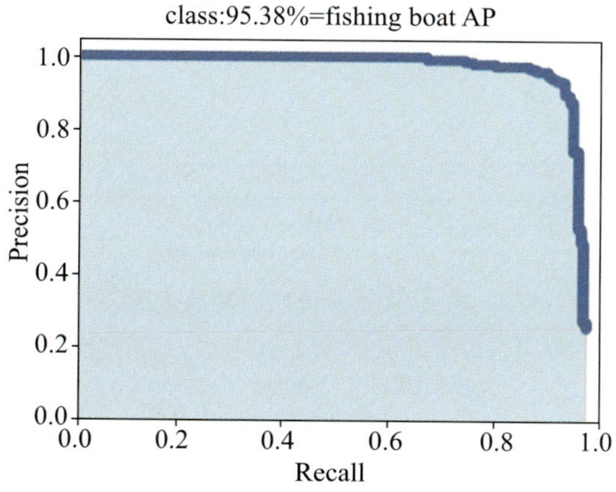

图 4-19　渔船的 AP 值图

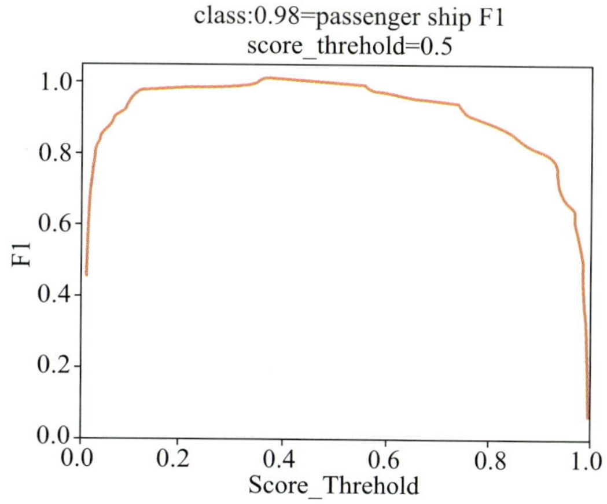

图 4-20　杂货船的 F1 值图

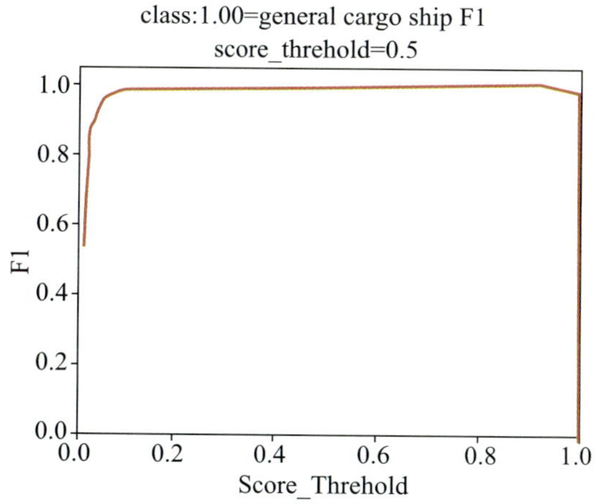

图 4-21　客船的 F1 值图

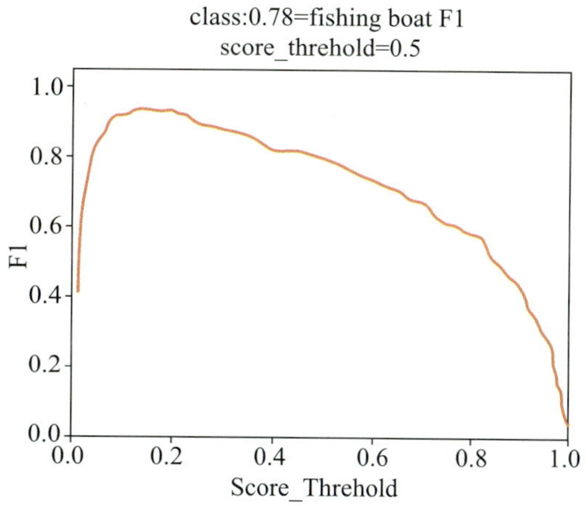

图 4-22　渔船的 F1 值图

图 4-23～图 4-25 中分别为客船、杂货船、渔船的精确度图，其中横坐标表示的是阈值，这里把阈值设置为 0.5，纵坐标表示精确度的值。从这三张图可以看出，阈值为 0.5 时，客船和渔船的精确度值都极其接近 1.0，而杂货船的精确度值也非常接近 1.0，但还没有达到 1.0，这就说明从精确度值这个衡量标准来说，识别客船和渔船精度比预测杂货船精度高。

图 4-26～图 4-28 中分别为客船、杂货船、渔船的召回率图，其中横坐标表示的是阈值，这里把阈值设置为 0.5，纵坐标表示召回率的值。从这三张图可以看出，阈值为 0.5 时，客船和杂货船的精确度值都极其接近 1.0，而渔船的精确度值在 0.6 附近，这就说明从召回率值这个衡量标准来说，识别客船和杂货船精度比预测渔船精度高。

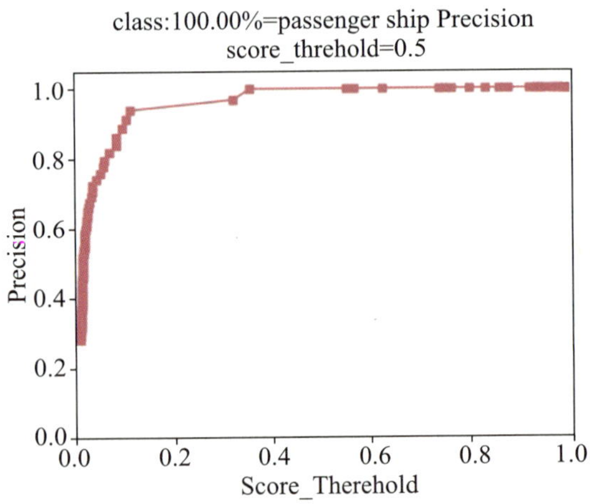

图 4-23　客船的精确度图

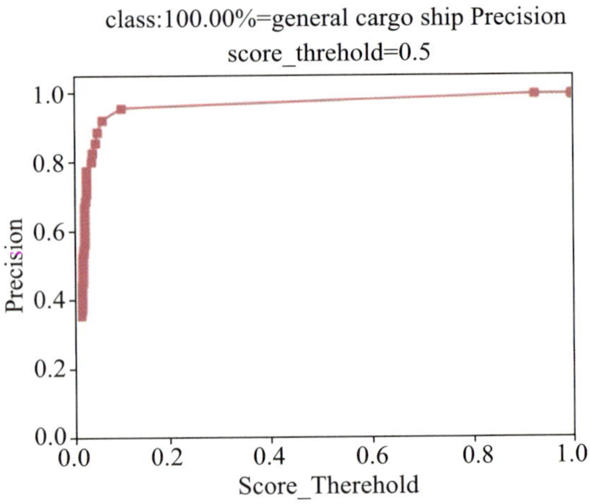

图 4-24　杂货船的精确度图

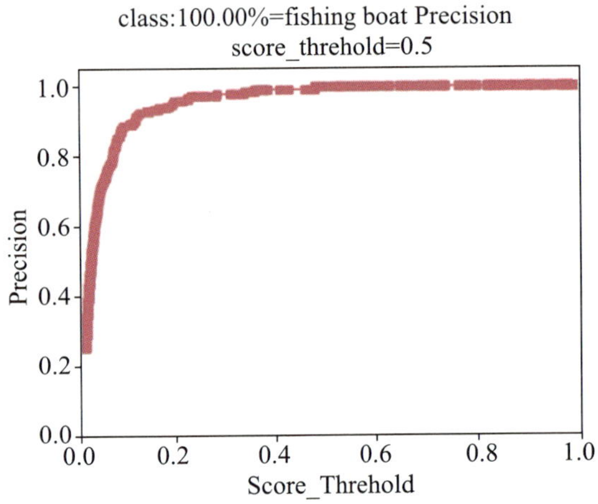

图 4-25　渔船的精确度图

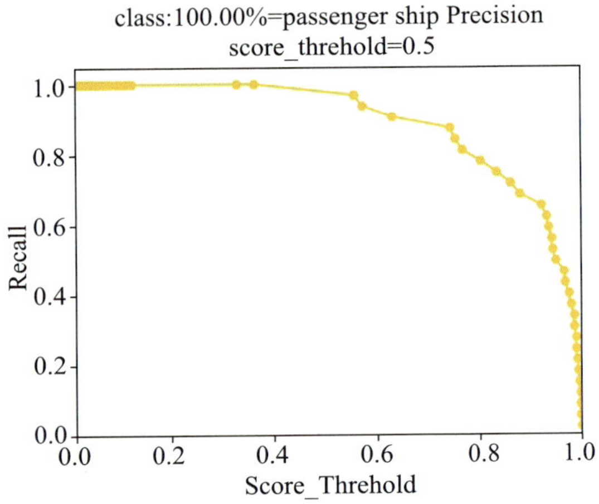

图 4-26　客船的召回率图

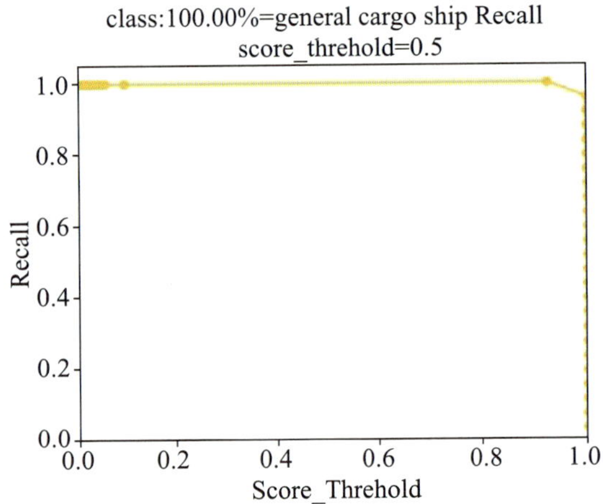

图 4-27　杂货船的召回率图

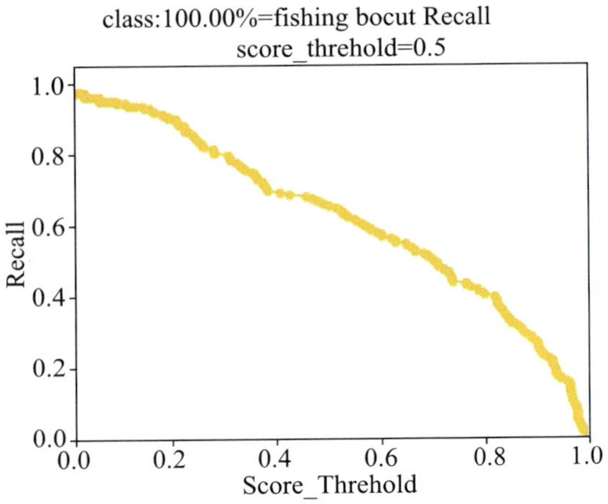

图 4-28　渔船的召回率图

4.7 总　　结

本章通过 SSD 网络模型算法对海面小目标进行识别，数据集用的是 SeaShips7000，该数据集中大目标船体图片作为训练数据集，小目标船体图片作为测试数据集，这些小目标船体可视化特征很少。SSD 模型算法不仅能识别出海面小目标船体，还能进一步识别出该小目标船体具体是哪一种类的船。该方法识别的精确度还是比较高的，提高了海面小目标识别的精确度，从而缓解了识别可视化特征极少的小目标的问题。

参考文献

[1] 罗会兰，彭珊，陈鸿坤. 目标检测难点问题最新研究进展综述[J]. 计算机工程与应用，2021，57(5)：11.

[2] WEN B B，WANG L J，YUE-PENG L I，et al. An Improved Method of Significance Target Detection Based on Epidemic Sequencing [J]. Science & Technology Vision，2019.

[3] R D RIGGERS. Refining Atmosphere Profiles for Aerial Target Detection Models [J]. Sensors，2021,21(21).

[4] LIU X，WANG Z，HE Y，et al. Research on Small Target Detection Based on Deep Learning[J]. Tactical Missile Technology，2019.

[5] PAREKH Z，BALDRIDGE J，CER D，et al. Crisscrossed Captions：Extended Intramodal and Intermodal Semantic Similarity Judgments for MSCOCO [J]. arXiv e-prints，2020.

[6] SULTANA M，MAHMOOD A，JUNG S K. Unsupervised Moving Object Detection in Complex Scenes Using Adversarial Regularizations [J]. IEEE Transactions on Multimedia，2021，23：2005-2018.

[7] MARTELL K，LAW C，HASAN Y，et al. Using infrared depth-sensing technology to improve the brachytherapy operating room experience-ScienceDirect[J]. Brachytherapy，2020，19(3)：323-327.

[8] SCHOFFMANN C，UBEZIO B，BOEHM C，et al. Virtual Radar：Real-Time Millimeter-Wave Radar Sensor Simulation for Perception-driven Robotics[J]. IEEE Robotics and Automation Letters，2021，6(3)：4704-4711.

[9] WANG B. Review of development in perception of unmanned surface vehicle based on optical vision[J]. Ship Science and Technology，2019.

[10] 彭艳，陈加宏，李小毛，等. 时空上下文融合的无人艇海面目标跟踪[J]. 中国科学：技术科学，2018，48(12)：1357-1372.

[11] 王博. 无人艇光视觉感知研究发展综述[J]. 舰船科学技术，2019，41(12)：44-49.
[12] SHAO Z，WU W，WANG Z，et al. SeaShips：A Large-Scale Precisely-Annotated Dataset for Ship Detection[J]. IEEE Transactions on Multimedia，2018，20(10)：10-12.
[13] 李小宁，雷涛，钟剑丹，等. 基于改进 SSD 的车辆小目标检测方法[J]. 应用光学，2020，41(1)：150-155.
[14] 杨挺，李建明. 基于深度学习的工业自动化缺陷检测方法，CN111179223A[P]. 2020.
[15] MURRAY B，PERERA L P. An AIS-based deep learning framework for regional ship behavior prediction[J]. Reliability Engineering & System Safety，2021，215(11).
[16] DENG J，DONG W，SOCHER R，et al. ImageNet：A Large-Scale Hierarchical Image Database[C]. Proc. CVPR，2009：248-255.
[17] EVERINGHAM M，ESLAMI S，GOOL L V，et al. The Pascal Visual Object Classes Challenge：A Retrospective[J]. International Journal of Computer Vision，2015，111(1)：98-136.
[18] LIU W，ANGUELOV D，ERHAN D，et al. SSD：Single Shot MultiBox Detector[C]. ECCV，2016：21-37.
[19] EVERINGHAM M，ESLAMI S，GOOL L V，et al. The Pascal Visual Object Classes Challenge：A Retrospective[J]. International Journal of Computer Vision，2015，111(1)：98-136.
[20] FU X M，WU Y X，DU L. Survey on Image Significance Target Detection Algorithm Based on CNN[J]. Computer and Information Technology，2019，27(04)：6-9.

第 5 章
基于更快区域卷积神经网络的多视角船舶识别

5.1 引　　言

随着社会经济的发展，海上交通的日益繁华，船舶识别对海洋监视、海运管理有重要的应用价值[1]。在海洋监视领域，船舶识别对海洋环境和不法船舶有强有力的监督作用。在海运管理上可以监控和辅助管理海上交通，同时确保海岸和海上安全。船舶检测和识别已成为热门研究课题[2,3]。此外，随着人工智能发展，自从新型深度卷积神经网络（convolutional neural network，CNN）AlexNet[4]在 2012 年的 ImageNet 图像分类竞赛中取得胜利以来，许多领域都提出了越来越多的基于深度学习的解决方法。例如，计算机视觉（图像检测、识别和分类）、语音识别、自然语言处理、音频识别、生物信息和医学学科等[5]。其中基于图像的目标检测，已经有许多著名的基于 CNN 的检测方法，包括：(1)一阶段检测器，如文献[6]提出的 you only look once（YOLO），文献[7]提出的单次多框检测器（single shot multibox detector，SSD），文献[8]提出的 RetinaNet，文献[9]提出的 anchor-free CenterNet；(2)两阶段检测器，如文献[10]提出的区域卷积神经网络（region convolutional neural network，R-CNN），文献[11]对文献[10]改进的快速区域卷积神经网络（fast region convolutional neural network，Fast R-CNN），和文献[12]的更快区域卷积神经网络（faster region convolutional neural network，Faster R-CNN）。

基于图像的目标检测已经广泛应用于陆上目标检测和海上目标检测。在人工智能和自动驾驶技术的推动下，无人控制的智能船舶应运而生。智能船舶自主航行或执行海上监测等其他任务都需要根据自身传感器采集的信息感知周围环境，即识别海上船舶等其他目标。目前主要通过图像信息研究船舶识别，根据图像产生的来源，基于图像的船舶识别方法大致分为三类：雷达图像、遥感图像和视觉图像[13]。基于雷达图像的船舶检测，文献[14]通过 Faster R-CNN 对检测网络中分类置信度较低的边界框重新评估，提高对船舶的检测性能。文献[15]在 Faster R-CNN 的感兴趣区域（region of interest，RoI）添加上下文信息，生成不同深度的多层建议区域，实现了基于合成孔径雷达（synthetic aperture radar，SAR）图像的船舶端到端检测。文献[16]提出了一种基于密集注意金字塔网络的 SAR 图像船舶检测方法，提高了 SAR 图像的识别精度。文献[17]采用特征重用策略来提高参数效率，并引入分支实现多尺度对象检测。利用遥感图像检测船舶的研究，文献[18]提出了一种从遥感图像中自适应学习特征的网络用于船舶检测。文献[19]在基于 R-CNN 的船舶监测框架中引入场景掩模提取网络，用于辅助船舶检测，有效抑制了非目标区域的误报。文献[20]提出了一种融合多层特征交叉层次、旋转区域建议网络和双向递归神经网络融合自注意机制的舰船检测框架，解决了图像船舶的多维、背景复杂的问题。视觉图像指通过摄像机采集的视频或图像，海洋环境的复杂性增大了通过船载摄像机或岸域摄像机获取多艘船舶的困难，且目前公开的船舶视觉图像数据集也很少，因此，相较于基于雷达图像和遥感图像，基于视觉图像的船舶识别研究较少，文献[21]提出了一种两阶段分层特征选择算法来区分三种民用船舶类型。文献[22]提出了一种基于 Faster R-CNN 的船舶概率检测与分类系统，将分类器置信度视为概率，通过贝叶斯融合确定舰船类别。文献[23]提出了一种从粗到精级联卷积神经网络，识别不同类型的船舶。这些是对船舶类型的检测，不能识别同一类别的不同艘船舶。文献[24]使用 SSD 算法检测内河船舶，应用样本增强和迁徙学习缓解了训练中的过拟合问题。文献[13]提出了一个显著性感知的 CNN 框架用于船舶检测，以获得更准确的船舶位置。文献[25]提出了一个增强的卷积神经网络，能够精准识别不同艘船舶，且提高了不同天气条件下的船舶检测精度。这是基于同一视角下的船舶图像进行的研究。由于海洋环境的特殊性和摄像机位置固定以及视角范围局限性，获取同一艘船舶在相同/不同时刻、相同/不同背景下的不同视角的图像较为困难，因此多视角下的船舶识别领域缺乏能够训练深度网络模型的大规模数据集。同类船舶都是刚性同质的，高度相似，难以区分其细微差别；且当视角改变时，大型船舶在外观上有很大不同[26]。相较于人和车辆重识别，有关船舶多视角识别的研究很少。文献[27]提出了基于合成孔径雷达图像的多视角船舶识别方法，文献[26]提出了一个基于全局和局部融合的多视角特征学习的船舶识别框架，利用自制的多视角船舶数据集评估模型性能。目前还没有找到其他基于视觉图像的多视角船舶识别研究。

针对上述问题，本章以多艘高速船舶、运输船舶、军舰和油船为检测目标，构建不同船舶的多视角数据集来训练 Faster R-CNN，实现对多视角船舶的识别。

5.2 方法论

5.2.1 Faster R-CNN 模型

Faster R-CNN 是对 Fast R-CNN 的改进，使用区域建议网络（region proposal network，RPN）替代 Fast R-CNN 的选择性搜索算法来确定候选区域。Faster R-CNN 主要由 RPN 和 Fast R-CNN 两部分组成，其核心过程是利用主干特征提取网络提取目标特征，获得共享特征图（feature map），再通过 RPN 生成候选区域。Fast R-CNN 确定候选区域是否包含目标，并校正候选区域的位置和尺寸。最后，使用感兴趣区域池化（region of interest pooling，RoI Pooling）对候选区域进行分类和边界回归。

Faster R-CNN 先将任意尺寸的图像调整至需要的尺寸，同时将调整比例和调整后图像的宽高存储到图像信息 im_info 中，再通过主干网络提取特征，并将获得的特征图作为公共特征图，被共享于 RPN 和全连接层。RPN 用于生成候选框，通过 RoI Pooling 利用候选框截取共享特征图。最后通过全连接层进行边界回归预测和分类，并使用边界回归预测调整建议框，得到精确预测框，如图 5-1 所示。

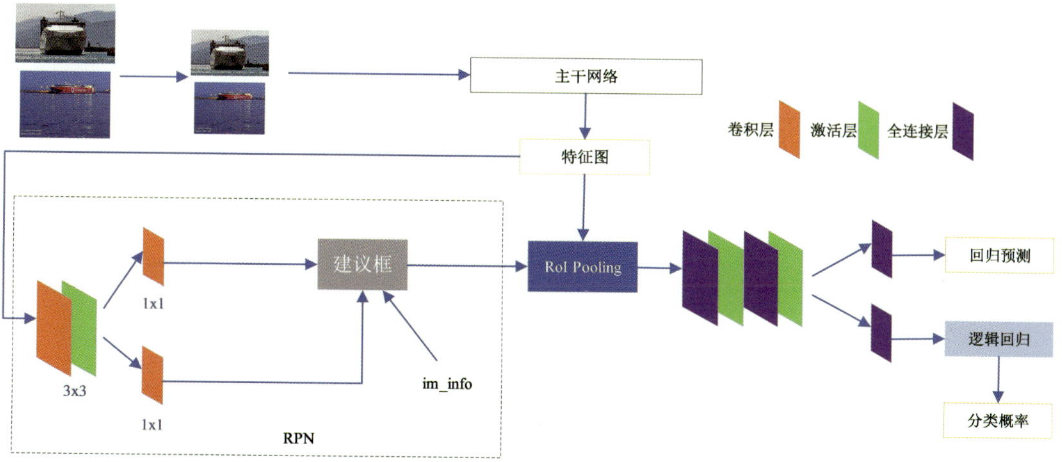

图 5-1　更快区域卷积神经网络结构图

5.2.2　特征提取网络

Faster R-CNN 可以采用多种主干特征提取网络，虽然深度网络能够提取更深层次的特征信息，但随着网络的加深，参数也会随之增加[28]。残差网络（ResNet）能够有效解决梯度消失、梯度爆炸及网络退化的问题，且其残差结构使得梯度可以从浅层平滑地传递到深层，能够训练深度的神经网络来提高特征提取能力。与 VGG 网络模型相比，具有残差机制的 ResNet 可以更好地保留浅层特征，并传递给深层参与训练[29]。因此，本章以残差网络（ResNet50）[30]作为 Faster R-CNN 的主干特征提取网络。ResNet50 有 5 个模块（模块 0～模块 4）组成，如图 5-2(a)所示，(3,224,224)分别表示图像的输入通道数、高度和宽度。模块 0 是对输入的预处理，模块 1～模块 4 结构类似，都是由瓶颈层（bottle neck layer，BTNK）组成，分别包含 3、4、6、3 个 BTNK。输入输出通道数相同的表示为 BTNK1，如图 5-2(b)所示，用于加深网络；输入输出通道数不同的表示为 BTNK2，如图 5-2(c)所示，用于改变网络的通道。以 ResNet50 的模块 3 的输出为共享特征层，如图 5-2(d)所示。

5.2.3　RPN 模块

如图 5-3 所示，RPN 以主干特征提取网络提取的特征图为输入，通过 3×3 的滑动窗口将其映射到较低维度（以 256 维为例）的隐藏层上，最后连接到两个全连接层，一个用于目标分类，另一个用于获取目标坐标位置。每个滑动窗口在其映射位置同时生成 k 个锚框，为了适应各种目标尺寸和纵横比，设置 3×3=9 种组合，即特征图上每个位置都有 9 个

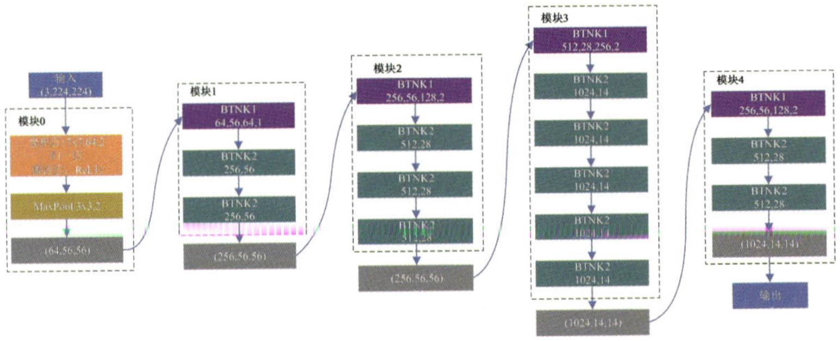

(a) ResNet50 网络结构图

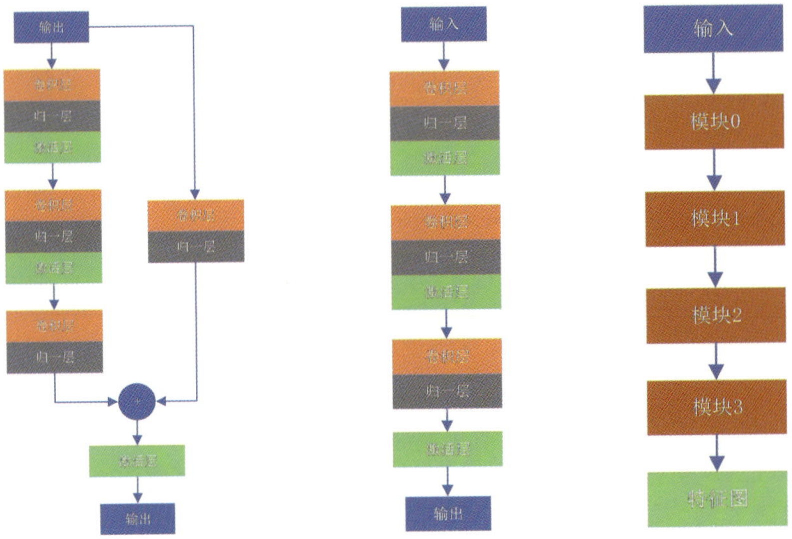

(b)BTNT1 网络结构图　(c)BTNK2 网络结构图　(d)特征提取网络结构图

图 5-2　网络结构图

不同尺寸的锚框。共享特征图经过向低维映射后进行分支:(1)分类层:经过 1×1×256×18 的卷积核,得到 1×1×18 的特征向量,分别表示 9 个锚框的正标签前景概率和负标签背景概率(cls_score),通过逻辑回归获得目标类别概率;(2)回归层:经过 1×1×256×36 的卷积核,得到 1x1x36 的特征向量,分别表示 9 个锚框的位置坐标(bbox_pre)。

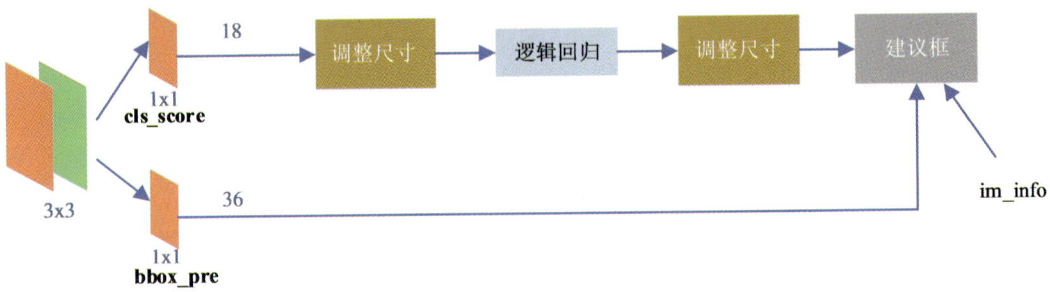

图 5-3　RPN 网络

按照以下标定方法为锚框标定正负标签：

(1) 与任意真实框(ground truth, GT)的重叠度(intersection over union, IoU)>0.7,标定为正标签。

(2) 与某个 GT 的 IoU 有最大值的锚框标定正标签。

(3) 与 GT 的 IoU<0.3,标定为负标签。

(4) 上述条件都不满足的既不是正标签也不是负标签,剔除。

由此确定前景锚框,使用边界框回归得到锚框与真实框之间的偏移值,即平移和伸缩参数,从而得到粗略建议框。通过图 5-1 中的 im_info 将粗略建议框映射回原图,判断粗略建议框是否超过边界,剔除严重超出边界的。按照逻辑回归分数进行从大到小排序,取出前 N 个粗略建议框,使用非极大值抑制算法消除冗余,对剩下粗略建议框再次排序,选择前 M 个粗略建议框,即为候选框。

5.2.4　分类及回归网络

RoI Pooling 将 RPN 模块获得的候选框映射到共享特征图的相应位置,再将映射后的区域划分为相同大小的区域,最后对每个区域进行最大池化操作,完成从不同尺寸的候选框得到相同尺寸的特征图,极大地提高了处理速度。

利用 RPN 模块中获得的建议框截取公共特征层中存在目标的区域,通过 RoI Pooling 获得相同尺寸局部特征层,通过全连接层和逻辑回归计算每个建议框目标的类别概率;同时再次利用边界回归获得每个建议框的位置偏移量,即回归预测 bbox_pre,用于回归更加精确的目标检测框,如图 5-4 所示。

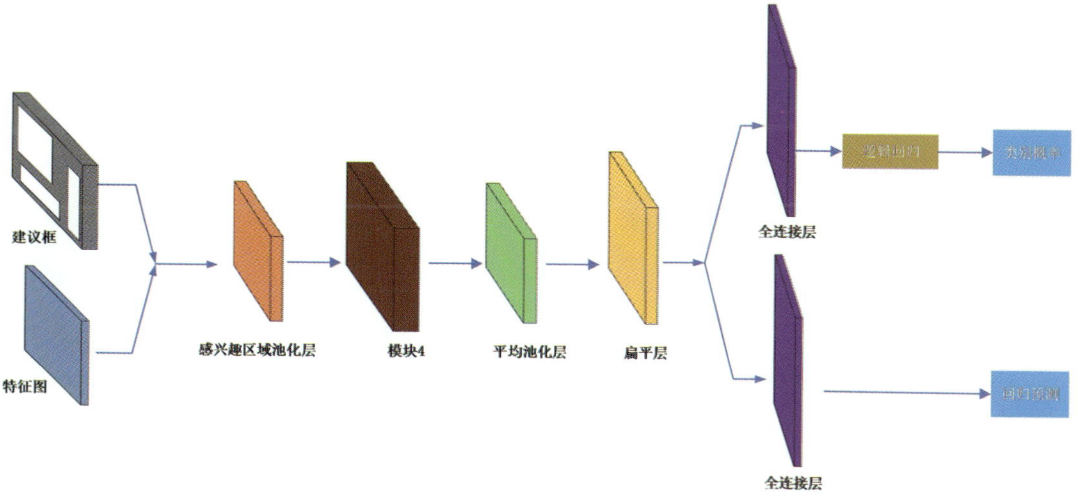

图 5-4　分类与回归网络

5.2.5　损失函数

在 RPN 模块的分类过程中可能存在误识别,而生成的候选框与真实框存在位置偏差,如图 5-5 所示,因此将产生两个损失:分类损失 L_{cls} 和回归损失 L_{reg}。候选框一般使用四维向量(x,y,w,h)表示,(x,y)表示框的中心点坐标,w 和 h 分别表示框的宽和高。计算分类损失需要与锚框对应标定结果和预测结果;计算回归损失需要:(1)RPN 网络生成的候选框的坐标位置(x,y,w,h);(2)锚框的坐标位置(x_a,y_a,w_a,h_a);(3)真实框的坐标位置$(x*,y*,w*,h*)$。

图 5-5　真实框与检测框示例

图 5-5 中红色框为船舶的 GT,绿色框为提取的候选框,即使该候选框被分类器识别为目标船舶,但相较于 GT,位置存在偏差,仍相当于没有正确检测出邮轮,因此需要对候选框微调至与 GT 位置尽可能接近。则候选框与 GT 之间的平移量(t_x,t_y)与尺度因子(t_w,t_h)分别表示为:

$$
\begin{aligned}
t_x &= (x-x_a)/w_a \\
t_y &= (y-y_a)/h_a \\
t_w &= \log(w/w_a) \\
t_h &= \log(h/h_a)
\end{aligned}
\tag{5-1}
$$

损失函数定义为:

$$
L(\{p_i\},\{t_i\}) = \frac{1}{N_{cls}}\sum_i L_{cls}(p_i,p_i^*) + \lambda\frac{1}{N_{reg}}\sum_i p_i^* L_{reg}(t_i,t_i^*) \tag{5-2}
$$

其中:

$$
\begin{cases}
L_{cls}(p_i,p_i^*) = -\log[p_i^* p_i + (1-p_i^*)(1-p_i)] \\
L_{reg}(t_i,t_i^*) = R(t_i - t_i^*) \\
t_x^* = (x^* - x_a)/w_a \\
t_y^* = (y^* - y_a)/h_a \\
t_w^* = \log(w^*/w_a) \\
t_h^* = \log(h^*/h_a)
\end{cases}
\tag{5-3}
$$

其中，i 是锚框的序号，p_i 是第 i 个锚框为目标的概率，p_i^* 是 GT 标签，当第 i 个锚框为正样本时 $p_i^*=1$；第 i 个锚框为负样本，则 $p_i^*=0$。$t_i=\{t_x, t_y, t_w, t_h\}$是一个表示候选边界框 4 个坐标位置参数的向量，$t_i^*=\{t_x^*, t_y^*, t_w^*, t_h^*\}$表示与标定为正标签的锚框相对应的 GT 框的坐标位置向量。分类损失 $L_{cls}(p_i, p_i^*)$是两个类别（目标/非目标）的损失对数，$L_{reg}=R(t_i-t_i^*)$是回归预测，R 为鲁棒损失函数，如式(5-4)所示。分类层和回归层的输出分别由$\{p_i\}$和$\{t_i\}$组成。

$$R=\mathrm{smooth}_{L_1}(t_i-t_i^*)=\begin{cases}0.5(t_i-t_i^*)^2 & \text{if}\ |t_i-t_i^*|<1\\ |t_i-t_i^*|-0.5 & \text{otherwise}\end{cases} \tag{5-4}$$

5.3　实验结果分析

采用 Faster R-CNN 对图 5-6 所示的不同角度的船舶进行实验，由于目前公开的多角度船舶数据集很少，本数据集为从 https://www.marinetraffic.com/网站下载不同类型的多艘船舶的多视角图片，使用 labelImg 标注工具对其进行锚框标记，其中训练集 1 904 张、测试集 235 张、验证集 211 张。船舶的种类、每一类的数量（小类数量）和每艘船舶的数量（船舶数量）如表 5-1 所示。Faster R-CNN 的训练分为预训练阶段和训练阶段两个部分，在预训练阶段，使用在视觉对象类（visual object classes, VOC）数据集[31]上训练过的权重作为权重，且主干网络被冻结，不仅能够提高训练速度，而且能够在训练初期防止权重被破坏。批量大小设置为 4，迭代 50 次，初始学习率设置为 1×10^{-4}。在训练阶段，主干网络参与训练，参数被调整，特征提取网络发生变化，批量大小设置为 2，迭代 100 次，初始学习率设置为 1×10^{-5}，且根据迭代次数动态调整学习率。

图 5-6　不同视角船舶

表 5-1　实验所用的船舶种类及数量

种类	高速船舶	运输船舶	军舰	油船
小类数量	21	22	24	23
船舶数量	688	596	388	677

为了评估 Faster R-CNN 对多视角船舶图像中船舶的识别能力，采用平均 F_1 分数(mean F_1 score, mF_1)、平均精度(mean average precision, mAP)和平均误检率(mean log-average miss rate, mMR)作为评价指标，分别表示为式(5-6)、式(5-8)和式(5-11)。为了定量分析 Faster R-CNN 对不同分辨率、不同背景图像的识别能力，以识别不同类型不同艘船舶的 F_1 分数(F_1 score, F_1)和误检率(log-average miss rate, MR)，以及各类型船舶的 mAP 作为评价指标，F_1 和 MR 分别表示为式(5-5)和式(5-10)。

$$F_1=2\cdot\frac{p\cdot r}{p+r} \tag{5-5}$$

$$mF_1=\frac{1}{n}\sum_{i=1}^{n}F_1 \tag{5-6}$$

其中：

$$\begin{cases} p_i=\dfrac{(TP)_i}{(TP)_i+(FP)_i} \\ r_i=\dfrac{(TP)_i}{(TP)_i+(FN)_i} \end{cases} \tag{5-7}$$

n 表示船舶的数量，TP 表示 IoU 大于阈值的边界框数量，FP 表示 IoU 小于阈值的边界框数量，或者检测到同一个 GT 的多余检测框的数量，FN 表示没有检测到的 GT 的数量。

$$mAP=\frac{1}{n}\sum_{i=1}^{n}AP \tag{5-8}$$

其中：

$$AP=\int_0^1 p(r)dr \tag{5-9}$$

$$MR=1-r \tag{5-10}$$

$$mMR=\frac{1}{n}\sum_{i=1}^{n}MR \tag{5-11}$$

当置信度设置为 0.5 时，Faster R-CNN 识别所有多视角船舶图像的 $mF_1=0.6969$，mAP=92.88%，mMR=8.34%，表明 Faster R-CNN 能够较精准地识别多视角船舶图像。

Faster R-CNN 识别 21 种高速船舶、22 种运输船舶、24 种军舰和 23 种油船的 F_1 和 mAP 分别如图 5-7 和图 5-8 所示，其中图 5-8(a)、图 5-8(b)、图 5-8(c)和图 5-8(d)分别表示检测每一艘高速船舶、运输船舶、军舰和油船的 mAP。

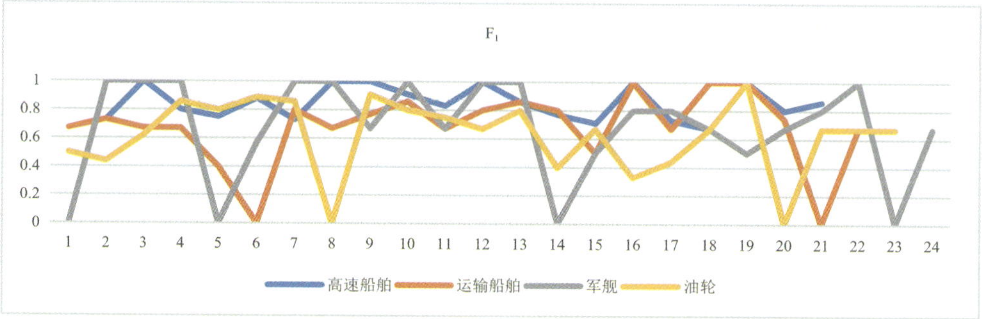

图 5-7　Faster R-CNN 检测各类多艘船舶的 F_1 分数

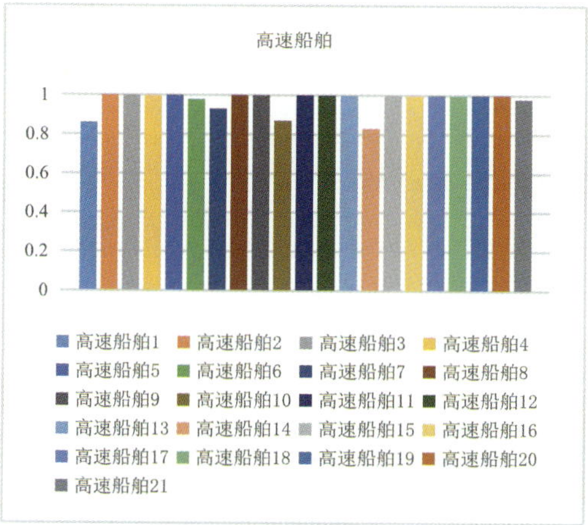

(a)检测高速船舶的mAP

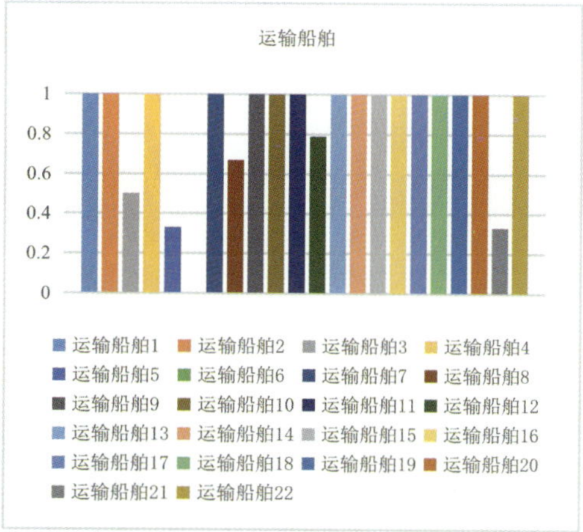

(b)检测运输船舶的mAP

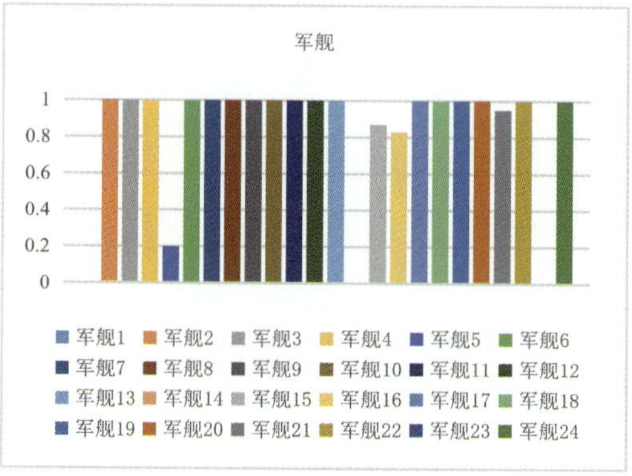

(c)检测军舰的mAP

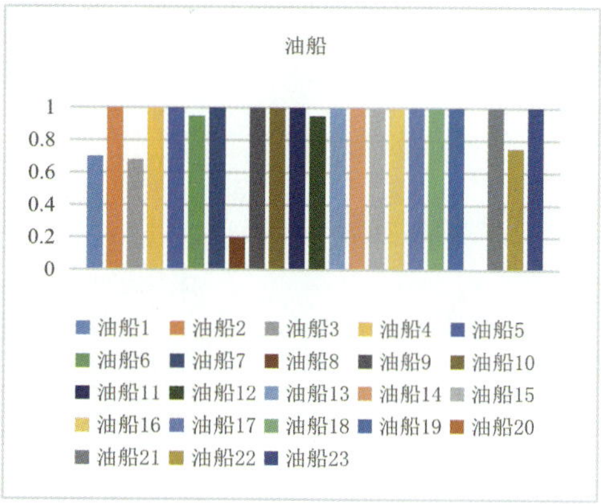

(d)检测油船的mAP

图 5-8　Faster R-CNN 检测不同类别船舶的 mAP

图 5-9 表示存在误检的船舶，除图 5-9 所示 13 种船舶外，其他所有船舶误检率均为 0。结果显示，运输船舶 6、运输船舶 21、军舰 1、军舰 5、军舰 14、军舰 23、油轮 8、油轮 20 的 F_1 均为 0，mAP 均小于 0.4，其中运输船舶 6 和军舰 23 为有雾环境下的低分辨率图像，运输船舶 8、运输船舶 21、军舰 5、油船 8 和油船 20 的图像均在昏暗环境下，而军舰 14 背景与目标极为相似，如图 5-10 所示，表明 Faster R-CNN 对低分辨率图像、背景与前景相似的图像以及已经昏暗环境下的图像检测能力低。而运输船舶 6、运输船舶 8、运输船舶 21、军舰 5、油船 8 和油船 20 的 MR 均为 1，表明 Faster R-CNN 对有雾、背景昏暗等环境下的低分辨率船舶图像识别能力更低。

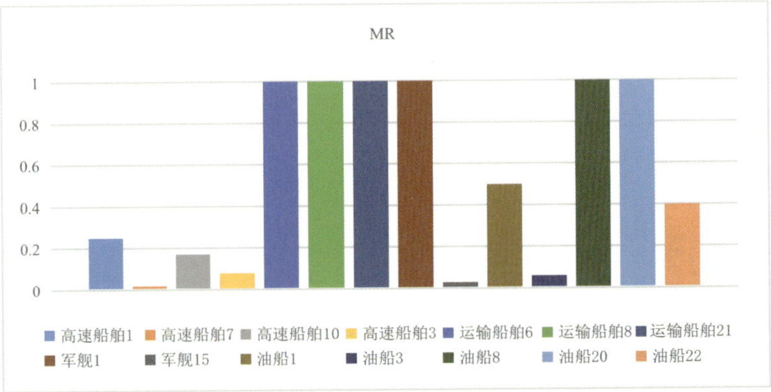

图 5-9　Faster R-CNN 误检船舶及其概率

图 5-10　高误检率船舶图像

5.4 结　　论

目前基于雷达图像和遥感图像的船舶识别研究有很多，但由于公开的基于视觉图像的船舶数据集匮乏，针对视觉图像的船舶识别研究很少。海洋环境的复杂性更是增大了获取同一船舶不同视角下的视觉图像的难度，对基于视觉图像的多视角船舶识别研究更是少之又少。因此，本章根据网上下载的船舶多视角图片自制数据集并训练 Faster R-CNN模型，采用平均 F_1 分数、平均精度和平均误检率作为评价指标，评估 Faster R-CNN模型识别多视角船舶的性能。为了更明确 Faster R-CNN 模型对不同像素、不同背景图像的识别能力，以不同艘船舶 F_1 分数和平均误检率，以及不同类别船舶的平均精度作为评价指标。实验结果表明，Faster R-CNN 能够较为准确地识别不同视角船舶，但是当图像背景与前景相似时，Faster R-CNN 识别能力下降，且当图像为有雾或昏暗背景下的低像素图像时，Faster R-CNN 对多视角船舶的识别能力下降明显。

参考文献

［1］ CAO XIUFENG, GAO SHU, CHEN LIANGCHEN, et al. Ship recognition method combined with image segmentation and deep learning feature extraction in video surveillance[J]. Multimedia Tools and Applications, 2020, 79(13): 9177-9192.

［2］ CHEN ZHIJUN, CHEN DEPENG, ZHANG YISHI, et al. Deep learning for autonomous ship-oriented small ship detection [J]. Safety Science, 2020, 130: 104812.

［3］ BI FUKUN, CHEN JING, ZHUANG YIN, et al. A Decision Mixture Model-Based Method for Inshore Ship Detection Using High-Resolution Remote Sensing Images [J]. SENSORS, 2017, 17(7): 1470.

［4］ KRIZHEVSKY ALEX, SUTSKEVER ILYA, GEOFFERY. E HINTON. ImageNet Classification with Deep Convolutional Neural Networks[J]. Communications of the ACM, 2017, 60(6): 84-90.

［5］ ZHANG TIANWEN, ZHANG XIAOLING, LI JIANWEI, et al. SAR Ship Detection Dataset (SSDD): Official Release and Comprehensive Data Analysis[J]. Remote Sensing, 2021, 13(18).

［6］ JOSEPH REDMON, SANTOSH DIVVALA, GIRSHICK ROSS, et al. You Only Look Once: Unified, Real-Time Object Detection[C]. 2016 IEEE Conference on Computer Vision and Pattern Recognition (CVPR), 2016, 779-788.

［7］ LIU WEI, ANGUELOV DRAGOMIR, ERHAN DUMITRU, et al. SSD: Single Shot MultiBox Detector[C]. Computer Vision-ECCV 2016, Cham: Springer International

Publishing. 2016, 21-37.
[8] LIN TSUNGYI, GOYAL PRIYA, GIRSHICK ROSS, et al. Focal Loss for Dense Object Detection [J]. IEEE Transactions on Pattern Analysis and Machine Intelligence, 2020, 42(2): 318-327.
[9] DUAN KAIWEN, BAI SONG, QI HONGGANG, et al. CenterNet: Keypoint Triplets for Object Detection[C]. 2019 IEEE/CVF International Conference on Computer Vision (ICCV), 2019.
[10] GIRSHICK ROSS, DONAHUE JEFF, DARRELL TREVOR, et al. Rich Feature Hierarchies for Accurate Object Detection and Semantic Segmentation[C]. 2014 IEEE Conference on Computer Vision and Pattern Recognition, 2014, 580-587.
[11] GIRSHICK ROSS. Fast R-CNN[C]. 2015 IEEE International Conference on Computer Vision (ICCV). 2015, 1440-1448.
[12] REN SHAOQING, HE KAIMING, GIRSHICK ROSS, et al. Faster R-CNN: Towards Real-Time Object Detection with Region Proposal Networks [C]. Advances in neural information processing systems, 2015, 91-99.
[13] SHAO ZHENFENG, WANG LINGGANG, WANG ZHONGYUAN, et al. Saliency-Aware Convolution Neural Network for Ship Detection in Surveillance Video[J]. IEEE Transactions on Circuits and Systems for Video Technology, 2020, 30(3): 781-794.
[14] KANG MIAO, LIN ZHAO, LENG XIANGGUANG, et al. A Modified Faster R-CNN Based on CFAR Algorithm for SAR Ship Detection[C]. 2017 International Workshop on Remote Sensing With Intelligent Processing (RSIP 2017), 2017.
[15] KANG MIAO, JI KEFENG, LENG XIANGGUANG, et al. Contextual Region-Based Convolutional Neural Network with Multilayer Fusion for SAR Ship Detection[J]. Remote Sensing, 2017, 9(8).
[16] CUI ZONGYONG, LI QI, CAO ZONGJIE, et al. Dense Attention Pyramid Networks for Multi-Scale Ship Detection in SAR Images[J]. IEEE Transactions on Geoscience and Remote Sensing, 2019, 57(11): 8983-8997.
[17] ZHAO KAI, ZHOU YAN, CHEN XIN, et al. Ship detection from scratch in Synthetic Aperture Radar (SAR) images[J]. International Journal of Remote Sensing, 2021, 42(13): 5014-5028.
[18] ZOU ZHENGXIA, SHI ZHENWEI. Ship Detection in Spaceborne Optical Image With SVD Networks[J]. IEEE Transactions on Geoscience and Remote Sensing, 2016, 54(10): 5832-5845.
[19] YOU YANAN, CAO JINGYI, ZHANG YANKANG, et al. Nearshore Ship Detection on High-Resolution Remote Sensing Image via Scene-Mask R-CNN[J]. IEEE Access, 2019, 7: 128431-128444.
[20] LI XUNGEN, LI ZIXUAN, LÜ SHUAISHUAI, et al. Ship detection of optical

remote sensing image in multiple scenes[J]. International Journal of Remote Sensing, 2021: 1-29.
[21] MAKEDONAS A, THEOHARATOS C, TSAGARIS V, et al. Vessel Classification in Cosmo-Skymed Sar Data Using Hierarchical Feature Selection[C]. 36th International Symposium on Remote Sensing of Environment. 2015,47(W3): 975-982.
[22] KIM KWANGHYUN, HONG SUNGJUN, CHOI BAEHOON, et al. Probabilistic Ship Detection and Classification Using Deep Learning[J]. Applied Sciences, 2018, 8(6).
[23] CHEN XINQIANG, YANG YONGSHENG, WANG SHENGZHENG, et al. Ship Type Recognition via a Coarse-to-Fine Cascaded Convolution Neural Network[J]. Journal of Navigation, 2020, 73(4): 813-832.
[24] 王言鹏，杨飏，姚远. 用于内河船舶目标检测的单次多框检测器算法[J]. 哈尔滨工程大学学报，2019, 40(7): 1257-1262.
[25] LIU RYANWEN, YUAN WEIQIAO, CHEN XINGQIANG, et al. An enhanced CNN-enabled learning method for promoting ship detection in maritime surveillance system[J]. Ocean Engineering, 2021, 235: 109435.
[26] QIAO DALEI, LIU GUANGZHONG, DONG FENG, et al. Marine Vessel Re-Identification: A Large-Scale Dataset and Global-and-Local Fusion Based Discriminative Feature Learning[J]. IEEE Access, 2020, 8: 27744-27756.
[27] DING BAIYUAN, WEN GONGJIAN. Exploiting Multi-View SAR Images for Robust Target Recognition[J]. Remote Sensing. 2017, 9(11).
[28] CHEN BIN, CHEN WEN, WEI XING. Characterization of elastic parameters for functionally graded material by a meshfree method combined with the NMS approach[J]. Inverse Problems in ence & Engineering, 2018, 26(4): 601-617.
[29] SHI PENGFEI, XU XIWANG, NI JIANJUN. Underwater Biological Detection Algorithm Based on Improved Faster-RCNN[J]. Water, 2021, 13(17).
[30] HE KAIMING, ZHANG XIANGYU, REN SHAOQING, et al. Deep Residual Learning for Image Recognition[C]. 2016 IEEE Conference on Computer Vision and Pattern Recognition(CVPR), 2016, 770-778.
[31] MARK EVERINGHAM, LUC VANGOOL, CHRISTOPHER K, et al. The Pascal Visual Object Classes (VOC) Challenge[J]. International Journal of Computer Vision. 2010, 88(2): 303-338.

第 6 章
基于孪生网络的海面目标动作跟踪模型

6.1 引 言

航运作为一种重要的运输方式承载着全球 90％以上的贸易往来[1]；如今日益增加的国内外贸易量对海上交通运输的效率以及船舶航行的安全性提出了新的挑战[2]，因此提升船舶的自主管理水平、智能化监控能力成为当前航运业亟待解决的关键问题。2020 年 2 月 3 日，交通运输部、发展改革委、工业和信息化部等七个部门联合发布的《关于大力推进海运业高质量发展的指导意见》中针对国内航运业的现代化发展提出了以下预期目标[3]：

（1）截止至 2035 年，国内船舶产业的安全发展水平和服务保障能力需达到世界先进水平，基本实现海运治理体系和治理能力的现代化。

（2）截止至 2050 年，海运业发展水平位居世界前列，全面实现海运治理体系和治理能力的现代化。

对海面信息进行获取、处理和分析是实现海洋智能化监控、海运治理体系现代化的重要基础和前提。而基于机器视觉的海面目标跟踪是海面视觉感知技术的重要组成部分。目标跟踪定义如下：目标跟踪是一个根据视频序列初始帧中标定的目标信息，在后续视频帧中估计跟踪目标的过程[4]。海面目标跟踪可以快速对选定的海面目标进行提取、识别和跟踪，对于海上执法、违法船只监控、环境观测、海面事故评估、智能航行等任务具有重要意义。海面目标视觉跟踪任务相较于陆地上的视觉跟踪任务通常会面对更加复杂的挑战，如图 6-1 所示。

(a)跟踪目标尺度变化大

(b)跟踪目标平面内外旋转

(c)小目标　　(d)雾天模糊图像

(e)雾天模糊小目标图像　　(f)跟踪目标和干扰目标形状、颜色相似

图 6-1　海面目标跟踪面对的挑战(跟踪目标由红色锚框框选)

针对海面目标跟踪任务的难点,本章提出了一种基于孪生网络的海面目标动作跟踪模型 SIAMAD。SIAMAD 模型通过控制初始锚框在当前跟踪图像上移动,实行对海面目标的跟踪,如图 6-2 所示。

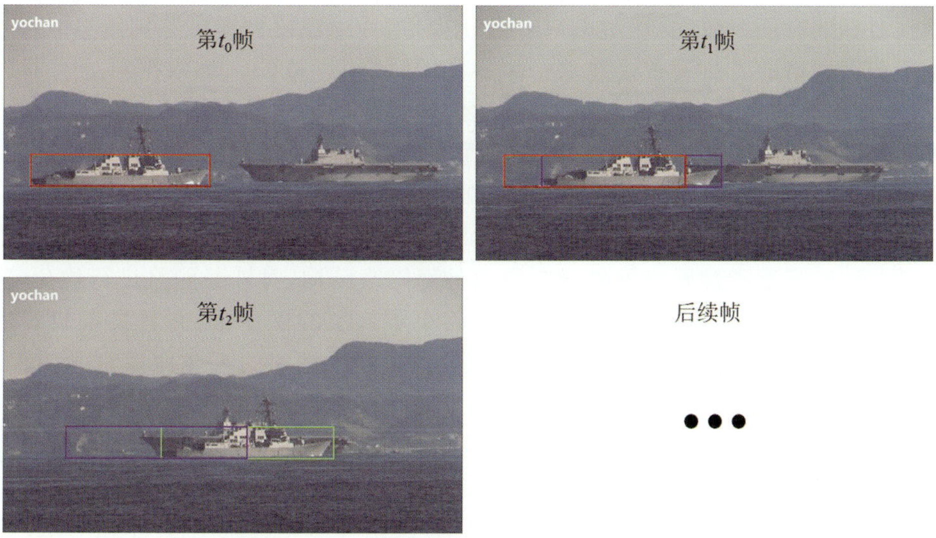

图 6-2　通过动作跟踪模型进行海面目标跟踪

将第 t_0 帧的锚框(红色方框)作为 t_1 帧中目标的初始锚框,通过动作跟踪模型选择并控制初始锚框进行合适的动作,框选出 t_1 帧中的跟踪目标,得到 t_1 帧的预测锚框(紫色方框);之后将 t_1 帧的锚框作为 t_2 帧目标的初始锚框,通过动作跟踪模型得到 t_2 帧的预测锚框(绿色方框);以此往复,完成对该段视频的目标跟踪。

6.2 相关工作

近年来,随着信息、计算机、网络、人工智能技术的快速进步,海面无人装备得到了发展,同时,为海面机器视觉感知技术带来了前所未有的机会和更为严峻的挑战。在机器视觉跟踪方面,一些传统目标跟踪方法,如均值漂移方法[5]、光流方法[6]、粒子滤波方法[7]的使用量逐渐减少,已经被基于相关滤波(correlation filtering, CF)的目标跟踪方法和基于深度学习(deep learning, DL)的目标跟踪方法所替代。

基于相关滤波的跟踪算法通过将输入图像回归为目标的高斯分布来训练滤波器,利用滤波器对每帧图像进行相关运算,得到每一个区域对应的响应值,最大处为图像中对应的目标位置。文献[8]提出了标准化上下文/超上下文感知的张量幂迭代优化方法,用于多目标跟踪和多图匹配。文献[9]提出了一种将核化相关滤波器(kernel correlation filter, KCF)和高斯粒子滤波器相结合的尺度和位置估计方法,用于视觉跟踪。文献[10]提出了一种基于注意力分散的辨别模型,该模型可以处理由于遮挡或运动模糊引起的连续漏检和不准确检测问题。文献[11]提出具有多通道特征的 KCF 模型,通过在图像上利用循环矩阵采集样本,让中心图像块循环移位,可以降低跟踪模型的运算成本,具有较高的跟踪效率。文献[12]将矩阵正交三角分解应用于更新误差协方差矩阵,从而形成 SRCKF 目标跟踪方法,可以广泛用于导航和定位、机器人技术、航空航天定位等领域。文献[13]提出了加权判别跟踪模型,以适应遮挡和外观变化,利用高斯混合模型(gaussian mixture model, GMM)动态调整目标的时间一致性,通过 GMM 进化权重,为外观模型提供鉴别信息。

基于深度网络的方法通常是建立一个分类器,使用大量的训练数据对分类器进行训练、迭代更新前景和背景对应的权重,进而达到对特定目标进行跟踪的目的。文献[14]将粒子滤波器同卷积神经网络相结合,提高了深度神经网络跟踪的鲁棒性,并且减轻了深度神经网络的训练和测试的负担,提升了目标跟踪的速度。文献[15]在相关滤波器中使用深度特征来代替经典的手工特征,将深度特征与表观特征互相补充,提高了算法的跟踪性能。文献[16]在深度神经网络的基础上更改神经网络结构,对神经网络进行优化,降低了网络的复杂程度,实现了端到端的目标跟踪,缩小了人工的工作量,并且具备较好的跟踪效果。文献[17]提出了一种基于持续学习和动态样本集模块的视觉跟踪框架,持续学习在模型更新过程中将先前的网络状态传递到当前网络,来保持跟踪模型对目标外观的长期记忆;动态样本集模块为模型提供丰富多样的训练数据,并且平衡模型对目标外观的短期记忆和长期记忆,该方法在长期视觉跟踪任务中具有较好的表现。文献[18]基于孪生神经网络(siamese network)的思想,提出了一种跟踪模型 GOTURN,GOTURN 模型具有两个权重参数相同的卷积神经网络分支;进行训练和测试时,获取对照模板和感兴趣区域并分别输入进不同的网络分支中，最后通过全连接层在感兴趣区域中跟踪到特定目标，GOTURN 是第一种基于深度学习的跟踪速度能达到 100FPS 的视觉跟踪模型。

6.3　SIAMAD 模型

6.3.1　模型的搭建

本章设计的 SIAMAD 模型基于 GOTURN 模型的思想，使用 AlexNet 神经网络[19]进行搭建，如图 6-3 所示。之所以不使用更深层的神经网络是为了减少神经网络的参数数量，提升神经网络的运行速度，缩短训练时间。而且根据一些学者研究，一些小型的深度神经网络在视觉跟踪的问题上比深层的模型更有效[20,21]。

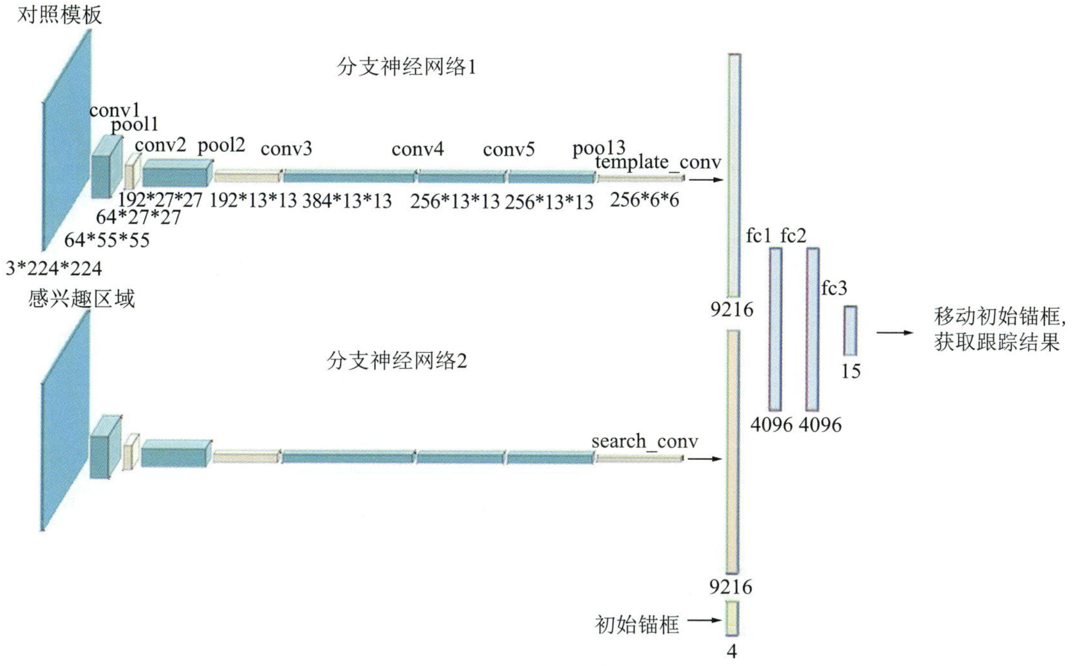

图 6-3　基于孪生神经网络的海面目标动作跟踪模型

如图 6-3 所示，本章设计动作跟踪模型具有 2 个神经网络分支，都由 5 个卷积层和 3 个池化层组成。SIAMAD 模型需要三个输入，分别是：用来搜寻跟踪目标的“感兴趣区域”，用来同感兴趣区域比对相关度的“对照模板”，以及同感兴趣区域相对应的“初始锚框”。对照模板和感兴趣区域都是尺寸为 $3\times224\times224$ 的 RGB 图像。初始锚框为 1×4 的向量，包含初始锚框的左上角坐标(x_1, y_1)和锚框的高 h_{bbox} 和宽 w_{bbox}，即初始锚框 $ini=[x_1, y_1, w_{bbox}, h_{bbox}]$。

对照模板和感兴趣区域分别输入进分支神经网络 1 和分支神经网络 2 后，会得到各自的卷积特征。然后将两者的卷积特征展平为一维向量，并同初始锚框拼接合并后，进行全连接计算，最终得到初始锚框应该进行的动作。

根据海面目标具有航线自由、航行区域开阔、较少受道路约束的移动特点，对锚框设计了 15 种动作，如图 6-4 所示。

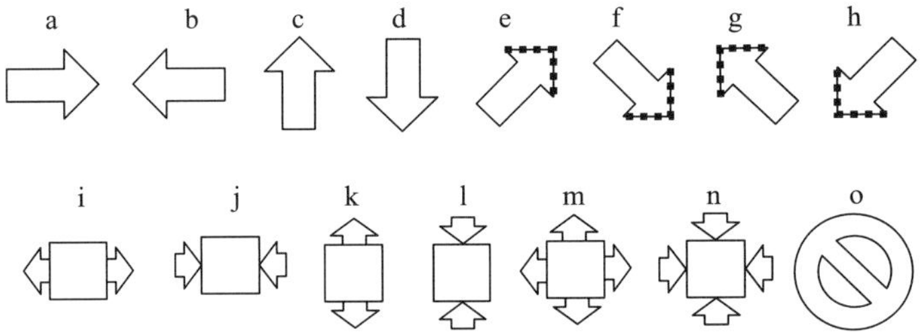

图 6-4　针对海面目标跟踪设计的 15 种锚框动作

图 6-4 中，按照从左向右、从上到下的顺序，动作分别为：(1)锚框在图像内向右平移；(2)锚框在图像内向左平移；(3)锚框在图像内向上平移；(4)锚框在图像内向下平移；(5)锚框在图像内向右上方平移；(6)锚框在图像内向右下方平移；(7)锚框在图像内向左上方平移；(8)锚框在图像内向左下方平移；(9)锚框在图像内横向扩展；(10)锚框在图像内横向收缩；(11)锚框在图像内纵向扩展；(12)锚框在图像内纵向收缩；(13)锚框在图像内扩大；(14)锚框在图像内缩小；(15)锚框动作终止。

1. 对图像添加噪音

在训练阶段对训练图像添加噪音可以有效提高模型特征提取能力，增强跟踪模型的泛化能力。本章设置了三种噪音，除了常用到的黑白椒盐噪音、高斯噪音[分别如图 6-5(b)和图 6-5(c)所示]，还设计了白色线条噪音[如图 6-5(d)所示]。在模型读取视频进行训练时，随机选择图片添加随机程度的噪音。

(a)原图

(b)添加不同程度的黑白椒盐噪音

(c)添加不同程度的高斯噪音

(d) 添加不同程度的线条噪音

图 6-5　对图像添加噪音示例

2. 获取对照模板、感兴趣区域和初始锚框

随机抽取训练视频，对视频中的 t_1 帧进行跟踪训练时，需要获取 t_1 帧的对照模板 tem_{t1}、感兴趣区域 sear_{t1} 和初始锚框 ini_{t1} 作为动作跟踪模型的输入。针对这三个输入的获取，本章设计了两种方法，第一种方法分别从 t_0、t_1、t_2 帧中获取，第二种方法只从 t_1 帧中获取。

(1) 分别从 t_0、t_1、t_2 三个帧中获取 tem_{t1}、sear_{t1} 和 ini_{t1}。

如图 6-6 所示，准备对某段视频第 t_1 帧进行跟踪训练时，另外选择 t_0 帧和 t_2 帧，$t_0 \neq t_1 \neq t_2$，且 t_1 和 t_2 满足式(6-1)所示关系。

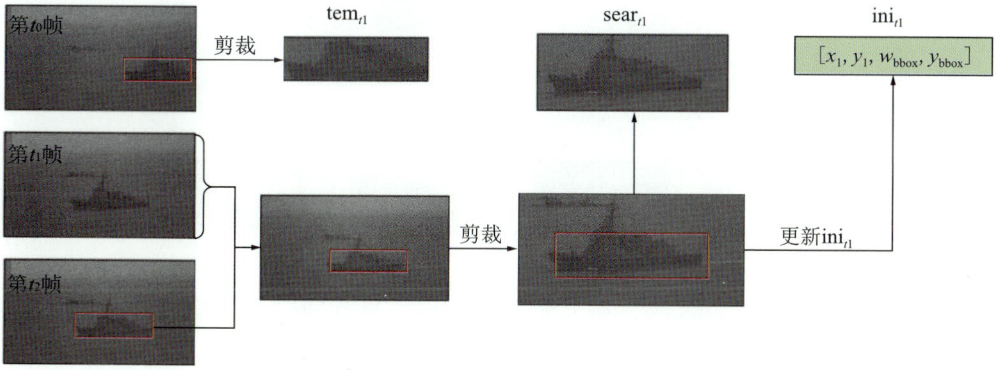

图 6-6　分别从 t_0、t_1、t_2 三个帧中获取 tem_{t1}、sear_{t1} 和 ini_{t1} 的方法流程

$$|t_1 - t_2| \leqslant k_d \tag{6-1}$$

式(6-1)中，k_d 为正整数，训练时，根据数据集的长度自行设定，或者在某一范围内随机取值。根据 t_0 帧的标注数据在 t_0 帧中截取对照模板 tem_{t1}，将 t_2 帧的标注数据作为 ini_{t1}，并根据 ini_{t1} 在第 t_1 帧中截取 sear_{t1}，截取范围如式(6-2)所示。

$$\begin{cases} w_s = a \times w_{\text{bbox}} \\ h_s = a \times b_{\text{bbox}} \\ x_{1\_s} = \max(0, x_1 + 0.5 \times w_{\text{bbox}} - 0.5 \times w_s) \\ y_{1\_s} = \max(0, y_1 + 0.5 \times h_{\text{bbox}} - 0.5 \times h_s) \\ x_{2\_s} = \min(w_{\text{img}}, x_{1\_s} + w_s) \\ y_{2\_s} = \min(y_{\text{img}}, y_{1\_s} + h_s) \\ w_s = x_{2\_s} - x_{1\_s} \\ h_s = y_{2\_s} - y_{1\_s} \end{cases} \tag{6-2}$$

式(6-2)中，w_s、h_s、(x_{1_s}, y_{1_s})、(x_{2_s}, y_{2_s}) 分别代表从原图截取搜索区域时，截取范围的宽度、高度、左上角直角坐标和右下角直角坐标；min(A, B) 表示在 A 和 B 中选取最小值。由于 $sear_{t1}$ 相较于 t_1 帧的原图发生变化，需要校正 ini_{t1} 的数据，如式(6-3)所示。

$$\begin{cases} x_1 = \max(0, x_1 - x_{1\_s}) \\ y_1 = \max(0, y_1 - y_{1\_s}) \\ w_{\text{bbox}} = \min(w_{\text{bbox}}, w_s - x_1) \\ h_{\text{bbox}} = \min(h_{\text{bbox}}, h_s - y_1) \end{cases} \tag{6-3}$$

(2) 单独从第 t_1 帧中获取 tem_{t1}、$sear_{t1}$ 和 ini_{t1}。

如图 6-7 所示，对某段视频第 t_1 帧进行跟踪训练时，将 t_1 帧的标注数据记为 gt_bbox $=[x_{1\_gt}, y_{1\_gt}, w_{gt}, y_{gt}]$，并根据 gt_bbox 在 t_1 帧中截取对照模板 tem_{t1}。通过对 x_{1_gt}，y_{1_gt}，w_{gt}，y_{gt} 进行随机变换得到噪音锚框 noise_bbox$=[x_{1_n}, y_{1_n}, w_n, y_n]$，根据图像的情况对 noise_bbox 的数据进行调整，如式(6-4)所示。

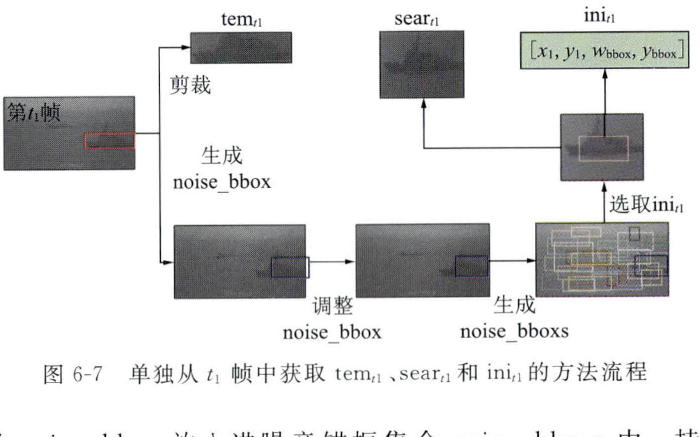

图 6-7 单独从 t_1 帧中获取 tem_{t1}、sear_{t1} 和 ini_{t1} 的方法流程

将调整后的 noise_bbox 放入进噪音锚框集合 noise_bboxs 中。持续获得不同的 noise_bbox，直到 noise_bboxs 中保存有足够的噪音锚框。

进行训练时，从 noise_bboxs 中抽取噪音锚框作为 t_1 帧的 ini_{t1}，并根据 ini_{t1} 在 t_1 帧中截取 $sear_{t1}$，截取范围如式(6-2)所示，同时需要对 ini_{t1} 进行校正，如式(6-3)所示。

$$\begin{cases} x_{1\_n}=\max(0,x_n) \\ y_{1\_n}=\max(0,y_n) \\ w_n=\min(w_n,w_s-x_{1\_n}) \\ y_n=\min(y_n,y_s-y_{1\_n}) \end{cases} \tag{6-4}$$

6.3.2 模型的训练流程

步骤 a: 初始化网络模型。

a.1　搭建孪生神经网络模型，如图 6-3 所示，两个分支神经网络的输入都为 3×224×224 的图像，都具有 5 层卷积和 3 层池化，卷积层和池化层参数的设定和图像尺寸变化情况如表 6-1 所示，因为两个分支神经网络具有相同的参数和结构，表 6-1 中不对二者进行区分。

表 6-1　网络参数设定和图像尺寸变化

操作名称	输入尺寸	卷积核尺寸	池化窗尺寸	步长	填充幅度	输出尺寸
conv1	3×224×224	11×11	—	4	2	64×55×55
pool1	64×55×55	—	3×3	2	0	64×27×27
conv2	64×27×27	5×5	—	1	2	192×27×27
pool2	192×27×27	—	3×3	2	0	192×13×13
conv3	192×13×13	3×3	—	1	1	384×13×13
conv4	384×13×13	3×3	—	1	1	256×13×13
conv5	256×13×13	3×3	—	1	1	256×13×13
pool3	256×13×13	—	3×3	2	0	256×6×6

进行卷积和池化操作后，将两个分支卷积神经网络的输出和初始锚框进行拼接，并且进行三层全连接操作，得到神经网络的输出。各全连接层的输入输出尺寸变化如表 6-2 所示。

表 6-2　全连接层的输入输出尺寸

操作名称	输入尺寸	输出尺寸
fc1	256×256×2+4	4 096
fc2	4 096	4 096
fc3	4 096	15

a.2　初始化 SGD 优化器，学习率设为 10^{-5}，权重衰减系数设为 5×10^{-4}，动量因子设为 0.9。

a.3　定义交叉熵损失函数 loss_fn。

步骤 b: 读取训练数据。

b.1　从数据集中随机读取视频，并随机选择用于训练的帧 t_1。

b.2　获取 t_1 帧对应的对照模板、感兴趣区域和初始锚框。

b.3　将对照模板和感兴趣区域的尺寸都调整为 $3\times224\times224$。

b.4　对输入图像进行归一化和标准化。

b.5　根据当前跟踪图像的标注数据和初始锚框获取当前初始锚框对应的标注动作 label_a，如式(6-5)所示。

$$\text{label\_a}=\text{argmax}(\text{IoU\_as}) \tag{6-5}$$

式(6-5)中，label_a 为一个标量；$IoU\_as=[IoU\_a_1, IoU\_a_2, \cdots, IoU\_a_{15}]$，$IoU\_a_i$ ($i=1,2,\cdots,15$)代表初始锚框进行序号为 i 的动作后得到的锚框 $action\_bbox_i$ 与跟踪图像的标注数据 gt_bbox 计算得到的交并比(intersection over union, IoU)，计算如式(6-6)、式(6-7)和式(6-8)所示；$\text{argmax}(A,B,\cdots G)$指获取 $A,B,\cdots,G$ 中最大值的索引。

$$\begin{cases} IoU_{xA}=\max(a\_bb_{i,x1}, gt\_bb_{x1}) \\ IoU_{yA}=\max(a\_bb_{i,y1}, gt\_bb_{y1}) \\ IoU_{xB}=\min(a\_bb_{i,x1}+a\_bb_{i,w}, gt\_bb_{x1}+gt\_bb_{w}) \\ IoU_{xB}=\min(a\_bb_{i,y1}+a\_bb_{i,h}, gt\_bb_{y1}+gt\_bb_{h}) \end{cases} \tag{6-6}$$

$$\begin{cases} In=(IoU_{xB}-IoU_{xA})\times(IoU_{yB}-IoU_{yA}) \\ Un=a\_bb_{i,w}\times a\_bb_{i,h}+gt\_bb_{w}\times gt\_bb_{h} \end{cases} \tag{6-7}$$

$$IoU\_a_i=\begin{cases} \dfrac{In}{Un-In} & \text{if} \quad IoU_{xA}\leqslant IoU_{xB} \quad \text{and} \quad IoU_{yA}\leqslant IoU_{yB} \\ 0 & \text{over} \end{cases} \tag{6-8}$$

式(6-6)中，$a\_bb_{i,x1}$、$a\_bb_{i,y1}$、$a_bb_{i,w}$和$a_bb_{i,h}$分别代表a_bb_i 的左上角横向坐标、左上角纵向坐标，宽度和高度。gt_bbox_{x1}、gt_bb_{y1}、gt_bb_{w} 和 gt_bb_{h} 分别代表标注锚框的左上角横向坐标、左上角纵向坐标，宽度和高度。IoU_{xA} 为两个锚框相交区域的左上角横向坐标，IoU_{yA} 为左上角纵向坐标，IoU_{xB} 为右下角横向坐标，IoU_{yB} 为右下角纵向坐标。式(6-8)中 In 为两个锚框相交区域的面积，Un 为两个锚框面积的和。

步骤 c：训练动作跟踪模型。

c.1　将 t_1 帧标准化后的对照模板、感兴趣区域和初始锚框输入进神经网络中，得到神经网络的输出动作 out_a。

c.2　通过损失函数 loss_fn 计算神经网络训练的损失 loss。

c.3　进行反向传播，更新神经网络。

c.4　选择下一帧作为 t_1 帧进行跟踪训练，重复步骤 b.1～b.5 和步骤 c.1～c.3。

c.5　达成终止条件，训练结束。

6.3.3　模型的测试流程

假设当前对第 t_1($t_1>1$)帧进行跟踪，测试流程如图 6-8 所示，测试步骤如下所示。

(1)使用当前视频第 1 帧的标注数据在第 1 帧中截取对照模板 tem_{t1}。

(2)将模型对 t_1-1 帧的跟踪结果作为 t_1 帧的初始锚框 ini_{t1}，如果 $t_1=1$，则第 0 帧的标注数据作为第 t_1 帧的初始锚框。基于 ini_{t1} 在 t_1 帧中截取搜索区域 sear_{t1}。

(3)对 tem_{t1}、sear_{t1}、ini_{t1} 进行归一化等系列操作，并作为动作跟踪模型的输入，得到对

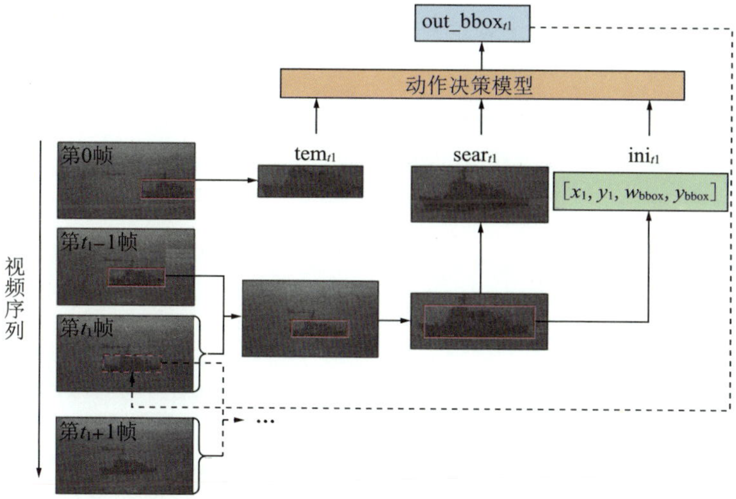

图 6-8　使用 SIAMAD 模型进行测试的流程

t_1 帧的预测锚框 out_bbox$_{t1}$。

(4)将 out_bbox$_{t1}$ 作为第 t_1+1 帧的初始锚框,重复上面的步骤 2 和 3,直到对当前视频完成测试。

(注:图 6-6、图 6-7 和图 6-8 中使用相同的舰船图像,仅为演示方便,实验中并未将该舰船图像同时作为训练集和测试集。)

6.4　对比实验

本章实验环境配置如下。中央处理器:inter(R) core(TM) i7-10700F CPU @ 2.90GHz;图形处理器:NVIDA GeForce RTX 3060 Ti;内存容量:16G;系统:Windows 10 64 位;编程语言:python 3.8.8;深度学习框架:pytorch 1.8.1;CUDA 版本:CUDA v11.1。

6.4.1　构建海面目标数据集

针对海面数据集稀少,且大部分不能体现跟踪目标尺度变化大,跟踪目标平面内外旋转,小目标,雾天模糊图像,跟踪目标和干扰目标形状、颜色相似等特点,我们通过 https://www.bilibili.com/等网站收集了若干个具有代表性的海面目标视频,首先对这些视频分别进行了 2~8 倍的加速处理,并借助工具 labelImg 对视频帧进行锚框标注,最终得到一个共 35 个视频、8 313 帧图像的海面目标数据集 Our_sea_target,部分视频帧如图 6-9 所示。将 Our_sea_target 随机分为 Our_train 数据集和 Our_test 数据集,Our_train 作为训练集,包括 19 个视频,共 4 718 帧图像;Our_test 作为测试集,包括 16 个视频,共 3 595 帧图像。

图 6-9　数据集 Our_sea_target 部分帧的展示

除自己制作的数据集外，我们从中科院公布的 Got-10k 数据集[22]中选取了海面目标部分，构建数据集 Got_sea_target，作为模型的测试集。Got_sea_target 中共包含 68 个视频、6 484 帧图像。选取的视频包括但不限于气垫船、消防艇、小型渔船、帆船、客船、工程船等海面目标，部分图像如图 6-10 所示。

图 6-10　数据集 Got_sea_target 部分帧的展示

6.4.2　对比实验结果分析

使用 SIAMAD 模型和 GOTURN 模型分别在测试集 Our_test 和 Got_sea_target 上进行测试，测试结果的成功率曲线下面积(Area Under Curve，AUC)和精确度如表 6-3 所示。

表 6-3　SIAMAD 模型同 GOTURN 模型的实验结果对比

数据集	模型名称	AUC	精确度
Our_test	GOTURN	0.616	0.822
	SIAMAD	0.636	0.849
Got_sea_target	GOTURN	0.537	0.648
	SIAMAD	0.543	0.794

在 Our_tset 上测试出的成功率曲线图和精确度曲线图如图 6-11 所示。

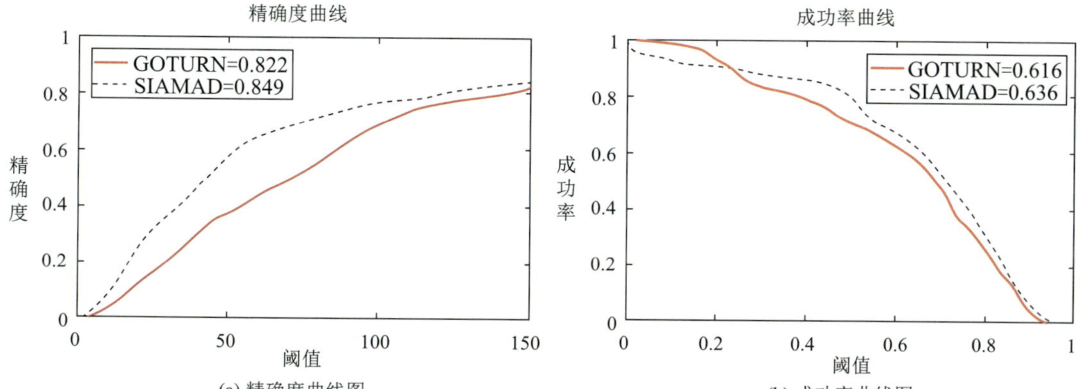

图 6-11　两种算法在 Our_test 数据集测试出的精确度曲线图和成功率曲线图

由表 6-3 和图 6-11 可知，SIAMAD 模型相较于 GOTURN 模型，在测试集 Our_tset 上进行测试时，跟踪精确度提升了 0.027(最大阈值设为 150 的情况下)，跟踪准确度提升了 0.020；由图 6-11(a)可知，当定位误差的阈值为 50～100 时，动作跟踪模型相较于 GOTURN 模型拥有较大的提升；由图 6-10(b)可知，当交并比的阈值接近 0.3 时，动作跟踪模型的跟踪成功率持续高于 GOTURN 模型。对 Our_test 数据集部分视频的跟踪结果如图 6-12 所示。

图 6-12 中，绿色锚框代表标注数据，红色锚框代表 GOTURN 模型的跟踪结果，蓝色锚框代表 SIAMAD 模型的跟踪结果，图片按照时间顺序从左到右，从上到下进行排列。

如图 6-12(a)所示，正常天气下对目标进行跟踪。视频背景为白色，跟踪目标水上部分为灰白色，与背景颜色相近。岸上存在建筑，在前半段视频中，视觉高度与舰尾基本一致，容易对跟踪模型产生干扰。视频后半段开始出现船舶图像遮挡的情况，直到最后一帧，目标船舶已经有大半部分离开图像视野；当船舶前半段离开视野时，由于桅杆被遮挡，导致标注锚框在纵向有一个突然的向下收缩，会对跟踪模型的跟踪结果的成功率产生一定影响。由图 6-12(a)所示的跟踪结果可知，GOTURN 模型受到背景建筑的影响，导致跟踪锚框的右边线相较于标注锚框和 SIAMAD 模型的跟踪锚框有一个明显的向右偏移，且随着时间的增加，偏移的幅度在逐渐增大，而 SIAMAD 模型受建筑的影响较小，基本与标注锚框保持一致。在船舶桅杆部分，由于目标特征小，两个跟踪模型的跟踪结果都没有成功将桅杆上方的球形雷达罩放进框内。同时 GOTURN 模型相较于 SIAMAD 模型，有时会丢失更多的桅杆特征，锚框的上边线会出现向下偏移的情况，证明 SIAMAD 模型相较于 GOTURN 模型具有更强的特征识别能力和抗背景干扰的能力。

如图 6-12(b)所示，在正常天气下对远处目标进行跟踪。视频图像中，天空背景为灰色，海面背景为深灰色，跟踪目标为远处一艘位于海天线下方，从右向左航行的舰船。虽然目标船舶距离较远，但相较于背景，目标船舶色彩较为突出，且目标船舶为平稳航行，所以对该视频图像跟踪属于简单的小目标跟踪任务。由图 6-12(b)所示的跟踪结果可知，GOTURN 模型跟踪锚框的上边线和右边线均有发生一定程度的偏移；在视频的末尾，SIAMAD 模型跟踪锚框的右边线发生一定程度的向左偏移，其他时刻基本能与标注锚框保持一致。

图 6-12(c)所示，在浓雾天气的情况下对远处目标进行跟踪。视频图像中，天空背景为中灰色，海面背景为深灰色，海天线已经模糊不清；在初始帧中，跟踪目标大约位于图像中部，在后续帧中，目标船舶从左向右航行，整体色彩为较重的灰色。由跟踪结果可知，GOTURN 模型的跟踪结果相较于标注数据，依然会出现锚框右边线向右偏移的情况；SIAMAD 模型的跟踪结果基本同标注数据保持一致，相较于 GOTURN 模型取得了更好的结果。

如图 6-12(d)所示，对一艘从左向右航行的舰船进行跟踪，同时在视频中存在一艘从右向左航行的舰船作为跟踪过程中的干扰目标。在视频开始，跟踪目标从视野的左边，干扰目标从视野的右边开始对向行驶，两艘船的船首部分开始发生重叠的现象，一直到视频结束，两艘舰船已经完全重叠在一起。由图 6-12(d)所示的跟踪结果可知，在两艘舰船没有产生重叠时，GOTURN 模型和 SIAMAD 模型均能表现出较好的跟踪能力；当舰船的船首发生重叠现象之后，GOTURN 模型受到干扰目标的影响，跟踪锚框开始向外扩张，相较于标注锚框，发生了较大的偏移。SIAMAD 模型相较于 GOTURN 模型具有更好的表现，在目标发生重叠之前，跟踪锚框基本与标注锚框一致；在发生重叠之后，只产生了较小程度的偏移，基本保证了跟踪的精确度和成功率。

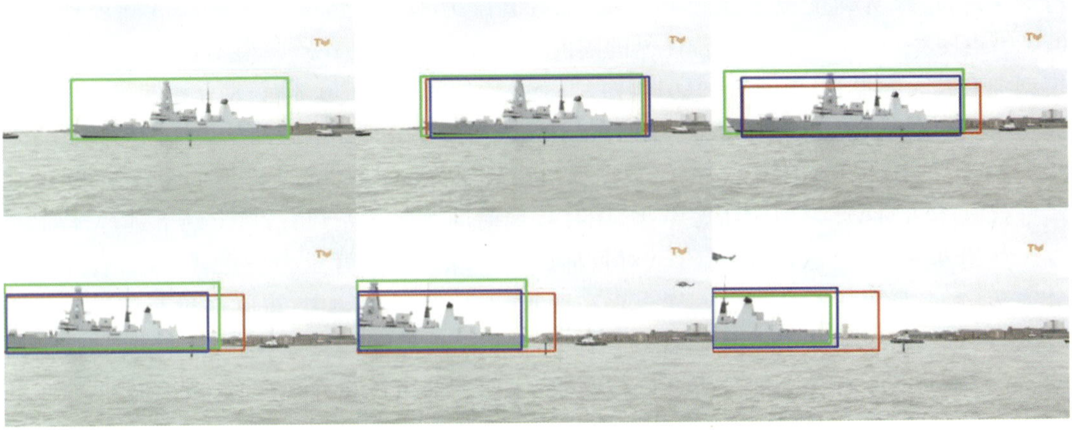

(a)在背景颜色同跟踪目标颜色相近情况下的跟踪结果

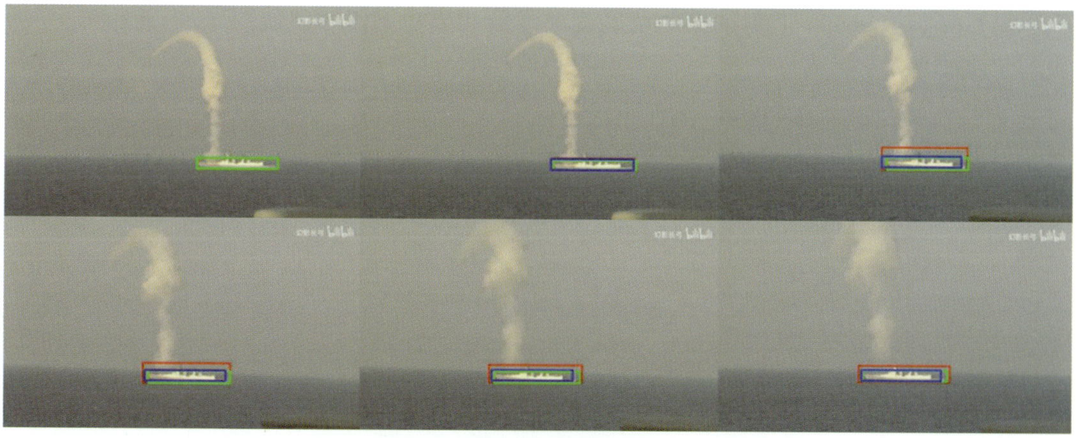

(b)在小目标情况下的跟踪结果

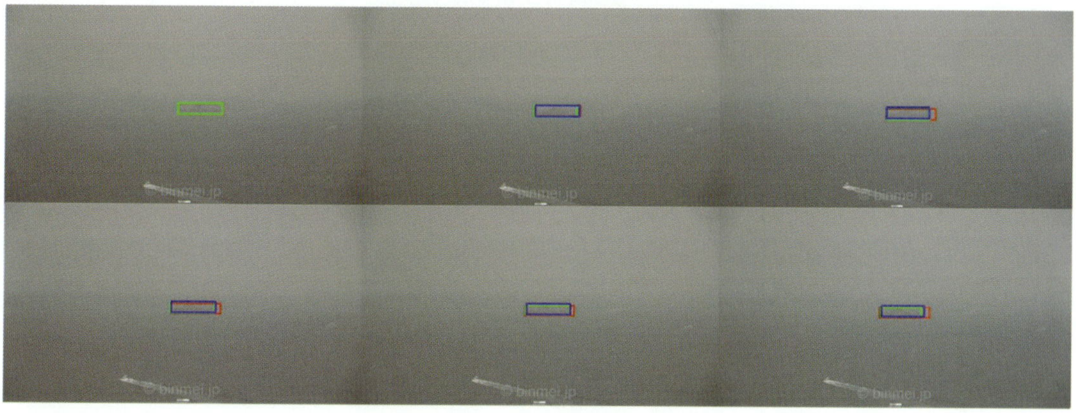

(c)在雾天小目标情况下的跟踪结果

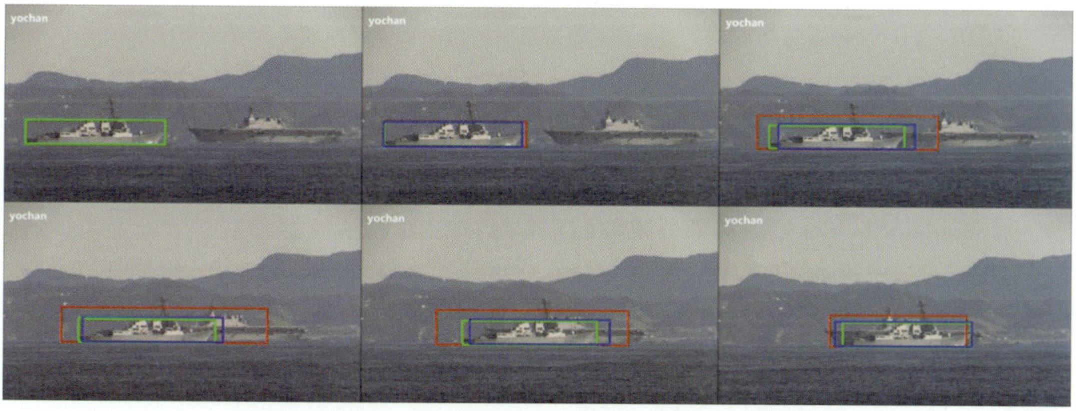

(d)在跟踪目标与干扰目标形状、颜色相似情况下的跟踪结果

图 6-12　对 Our_test 数据集部分视频的跟踪结果展示

综上所述,SIAMAD 模型相较于原始的 GOTURN 模型具有更强的特征识别能力和抗背景干扰的能力,能在背景干扰、浓雾、小目标等情况下成功地对特定目标进行准确跟踪。

在 Got_sea_target 上测试出的精确度曲线图和成功率曲线图如图 6-13 所示。

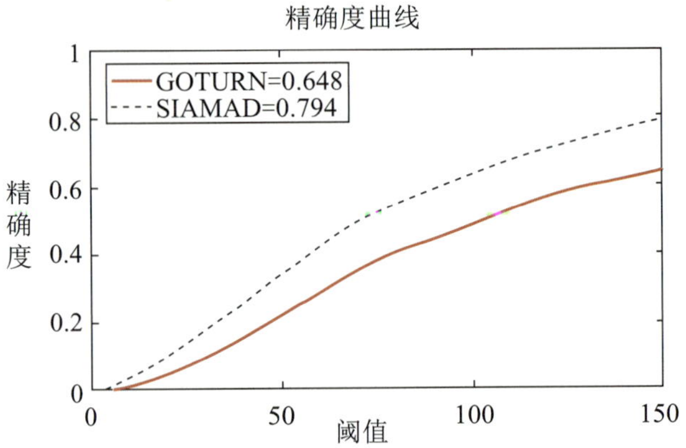

(a) 精确度曲线图

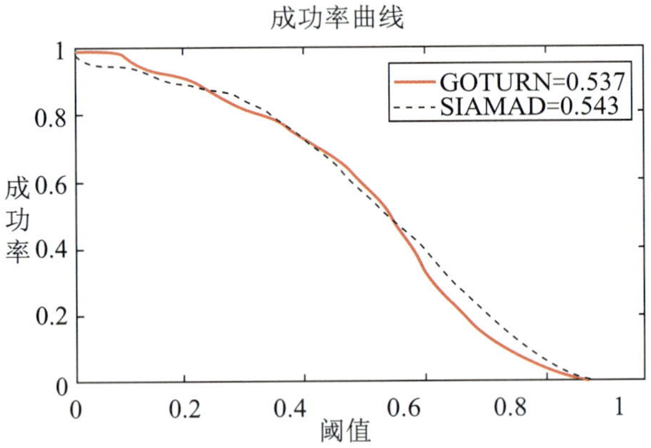

(b) 成功率曲线图

图 6-13　两种算法在 Got_sea_target 数据集测试出的精确度曲线图和成功率曲线图

由表 6-3 和图 6-13 可知，在测试集 Got_sea_target 上进行测试时，SIAMAD 模型相较于 GOTURN 模型，跟踪精确度提升了 0.146（最大阈值设为 150 的情况下），跟踪成功率提升了 0.006，随着成功率阈值的增大，SIAMAD 模型的表现更好。

对 Got_sea_target 数据集部分视频的跟踪结果如图 6-14 所示。

如图 6-14(a)所示，在正常天气下对特定目标进行跟踪，跟踪目标为一艘船体红色、上层建筑为白色的消防艇；消防艇从左向右航行，在视频前半段摄像头发生突然向右侧偏移情况，导致跟踪目标在视觉中的位置出现了短时间的大幅度变化。视频背景包括一艘船体为红色、上层建筑为白色的货船和一座瞭望台，背景较为复杂，对模型的跟踪结果影响较大。由图 6-14(a)所示的跟踪结果可知，SIAMAD 模型只在视频的末尾受到海岸的影响，跟踪锚框的左边线向左发生偏移，其他时刻均能很好地完成对特定目标的跟踪，受杂乱背景的影响较小；GOTURN 模型从开始跟踪时就受到了杂乱背景的影响，跟踪锚框开始向外扩张，除了下边线基本与标注锚框保持一致外，其他三条边线均发生不同程度的偏移，跟踪效果较差。

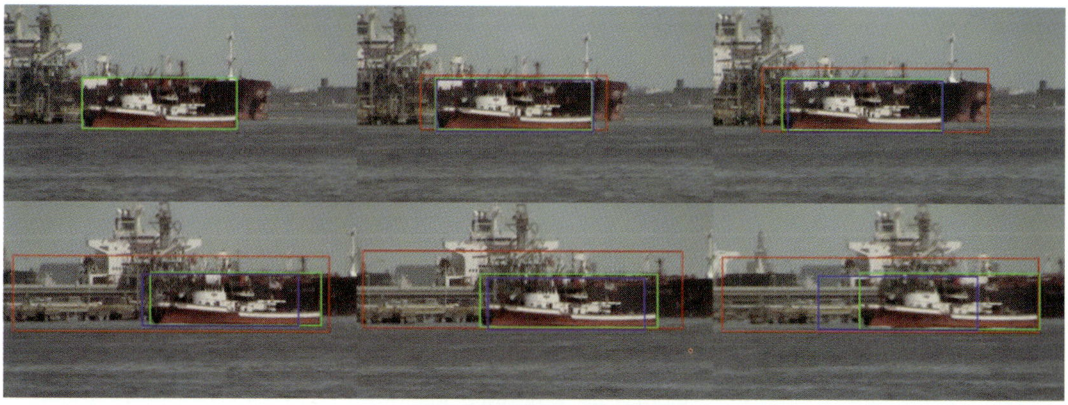

(a)在复杂背景环境下的跟踪结果

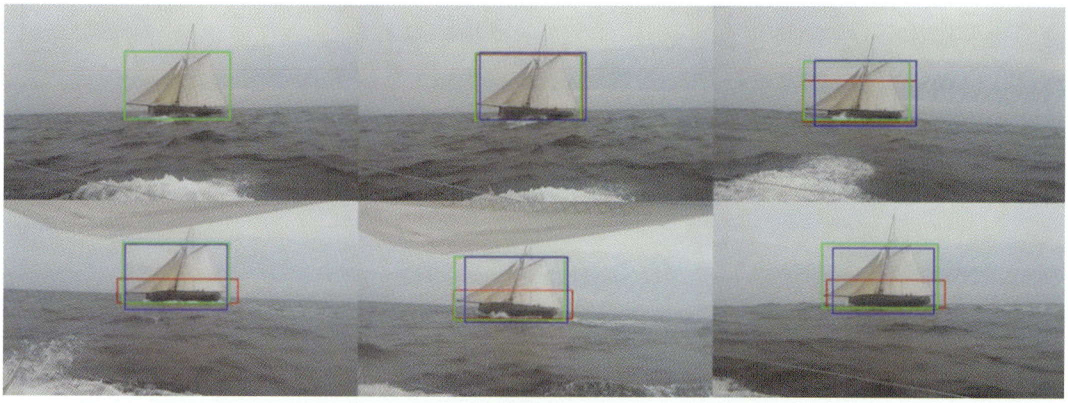

(b)在跟踪目标发生频繁剧烈抖动情况下的跟踪结果

(c)存在船舶彪浪和倒影情况下的目标跟踪

图 6-14　对 Got_sea_target 数据集部分视频的跟踪结果

如图 6-14(b)所示，在正常天气下对一艘小型帆船进行跟踪，摄像头位于另一艘船上；受到风浪的影响，两艘船舶都产生了剧烈的颠簸，导致视频中目标船舶发生了频繁且明显的抖动。由图 6-13(b)所示的跟踪结果可知，GOTURN 模型的跟踪锚框的上边线相较于标注数据开始逐渐向下偏移，到视频后半段只能完成对船体和船帆下半部分的跟踪，无法完整地对整艘帆船进行跟踪；SIAMAD模型基本能完成对目标的跟踪，在视频的末尾相较于标注数据发生了轻微的偏移，其他时刻的跟踪结果基本与标注数据保持一致。

如图6-14(c)所示，在正常天气下对一艘由远及近对向行驶的警用巡逻艇进行跟踪，目标船舶存在舰桥和天线等体型较小的设备；在视频前半段，镜头突然拉远，导致目标船舶尺度有发生一次剧烈的变化；由于目标船舶在平缓航行，在水面上出现了船舶的倒影，对跟踪算法带来较大的挑战。由图6-14(c)的跟踪结果可知，两种跟踪模型均受到了船舶倒影的干扰，跟踪锚框的下边线相较于标注锚框都发生了一定程度的向下偏移；除此之外，GOTURN模型受到了船舶尾流的影响，跟踪锚框的左右两条边线发生一定程度的向外偏移，且丢失了目标船舶的天线特征和部分舰桥特征；SIAMAD模型受到船舶尾流的影响较小，且能保存下完整的舰桥和大部分天线的特征，相较于GOTURN模型具有更好的表现。

综上所述，SIAMAD模型相较于GOTURN模型具有更好的特征保留、抗背景杂乱、抗视频抖动等能力，且无论在跟踪精确度还是在跟踪成功率方面都有一定程度的提升，尤其在跟踪精确度方面提升明显。此外，SIAMAD模型在Our_test测试集上的跟踪速度为57FPS，在Got_sea_target测试集上的跟踪速度为52FPS。

6.5 结　论

受到GOTURN跟踪模型启发，本章构建了一个基于卷积神经网络和孪生神经网络的海面目标动作跟踪模型SIAMAD。根据海面目标运动的特点，设置了15种动作，SIAMAD模型自主选择当前应该进行的动作控制初始锚框在感兴趣区域进行移动，完成对特定目标的端到端跟踪。本章使用Our_test测试集和Got_sea_target测试集，从跟踪精确度和跟踪成功率两个角度对SIAMAD模型进行评估。实验结果表明，相较于GOTURN模型，SIAMAD模型进行海面目标跟踪任务时跟踪精度更高，具有更好的特征保留、抗背景杂乱、抗视频抖动的能力。

参考文献

[1] DYL A, CJJ B, MWN C. Evaluation of green strategies in maritime liner shipping using evolutionary game theory[J]. Journal of Cleaner Production, 2021, 279(1): 123268.

[2] 柳晨光，初秀民，谢朔，等. 船舶智能化研究现状与展望[J]. 船舶工程，2016，38(3)：77-84+92.

[3] 交通运输部，发展改革委，工业和信息化部，等. 关于大力推进海运业高质量发展的指导意见[J]. 中国水运(上半月)，2020(3)：36-37.

[4] WU Y, LIM J, YANG M-H. Online object tracking: A benchmark[C]. Proceedings of

the IEEE conference on computer vision and pattern recognition，2013 (10)：2411-2418.

[5] DU K，JU Y，JIN Y，et al. Object tracking based on improved MeanShift and SIFT [C]. 2012 2nd International conference on consumer electronics，communications and networks (CECNet)，2012(5)：2716-2719.

[6] SCHREIBER D. Generalizing the Lucas-Kanade algorithm for histogram-based tracking[J]. Pattern RecognitionLetters，2008，29(7)：852-861.

[7] MOGHADDASI S S，Faraji N. A hybrid algorithm based on particle filter and genetic algorithm for target tracking[J]. Expert Systems with Applications，2020，147(6)：113188.

[8] HU W，SHI X，ZHOU Z，et al. Dual L1-normalized context aware tensor power iteration and its applications to multi-object tracking and multi-graph matching[J]. International Journal of Computer Vision，2020，128(2)：360-392.

[9] ZHANG J，LIU Z，LIN Y. Correlation Gaussian particle filter for robust visual tracking[C]. 2020 Chinese ControlAnd Decision Conference (CCDC)，2020(8)：4854-4857.

[10] ZHOU Z，LUO W，WANG Q，et al. Distractor-aware discrimination learning for online multiple object tracking[J]. Pattern Recognition，2020(11)，107：107512.

[11] HENRIQUES J F，CASEIRO R，MARTINS P，et al. High-speed tracking with kernelized correlation filters[J]. IEEE transactions on pattern analysis and machine intelligence，2014，37(3)：583-596.

[12] DUAN J，SHI H，LIU D，et al. Square root cubature Kalman filter-Kalman filter algorithm for intelligent vehicle position estimate[J]. Procedia engineering，2016，137：267-276.

[13] ZHAO C，WANG J，ZHU G，et al. Learning weighted part models for object tracking[J]. Computer Vision and Image Understanding，2016，143(2)：173-182.

[14] MOZHDEHI R J，REZNICHENKO Y，SIDDIQUE A，et al. Deep convolutional particle filter with adaptive correlation maps for visual tracking[C]. 2018 25th IEEE International Conference on Image Processing (ICIP)，2018(9)：798-802.

[15] DANELLJAN M，BHAT G，GLADH S，et al. Deep motion and appearance cues for visual tracking[J]. Pattern Recognition Letters，2019(6)，124：74-81.

[16] TU Z，ZHOU A，JIANG B，et al. Visual object tracking via graph convolutional representation[C]. 2019 IEEE International Conference on Multimedia & Expo Workshops (ICMEW)，2019(8)：234-239.

[17] ZHANG H，ZHU M，ZHANG J，et al. Long-Term Visual Object Tracking via Continual Learning[J]. IEEE Access，2019，7(12)：182548-182558.

[18] HELD D，THRUN S，SAVARESE S. Learning to track at 100 fps with deep regression networks[C]. Computer Vision-ECCV 2016，2016，9905(9)：749-765.

[19] KRIZHEVSKY A, SUTSKEVER I, HINTON G E. Imagenet classification with deep convolutional neural networks [J]. Advances in neural information processing systems, 2012, 25: 1097-1105.

[20] YUN S, CHOI J, YOO Y, et al. Action-decision networks for visual tracking with deep reinforcement learning[C]. Proceedings of the IEEE conference on computer vision and pattern recognition, 2017(11): 2711-2720.

[21] NAM H, HAN B. Learning multi-domain convolutional neural networks for visual tracking[C]. Proceedings of the IEEE conference on computer vision and pattern recognition, 2016: 4293-4302.

[22] HUANG L, ZHAO X, HUANG K. Got-10k: A large high-diversity benchmark for generic object tracking in the wild[J]. IEEE Transactions on Pattern Analysis and Machine Intelligence, 2019, 43(5): 1562-1577.

第 7 章
基于 QABC 和 LSTM 的海面目标轨迹预测研究

7.1 引 言

海面目标轨迹预测主要指对船舶的航行轨迹进行预测，是海运行业管理现代化的重要组成部分，对于海洋航行器的自主无人行驶、目标船舶行为意图分析、航行风险评估等领域的研究具有重大意义[1]。在现阶段的众多研究中，大多通过借助船舶自动识别系统(automatic identification system，AIS)获取船舶的历史航行信息，预测出后续一定时间内的船舶航行轨迹[2]。

虽然 AIS 系统能快速及时地提供船舶动态信息和静态资料，但其仍然存在有一定的局限性。

(1)在《国内航行海船法定检验技术规则(2020)》[3]第四篇中，只对 200 吨以上的民用船舶做了 AIS 安装要求，故在海面上依然存在大量没有装载 AIS 的船舶，如小型渔船、小型游艇、无人艇、军舰、封闭式救生艇等。

(2)在 AIS 的工作过程中，其数据的传输容易受到外界干扰因素的影响，如海上的白噪音和 AIS 的硬件噪声等[4]。

(3)船载 AIS 设备可能会存在数据格式错误、天线连接和安装错误、B 级 AIS 设备质量差等问题，会导致目标船舶某一时间段的动态信息缺失[5]。

(4)AIS 仅能将目标船只简化为屏幕上的光点予以显示标定，且船舶通常尺寸较大，将船舶设置为点目标不足以确定船舶航向[6]。

综上所述，无法单纯依靠 AIS 信息达到对海面目标进行轨迹预测的目的。一般而言，海面信息可以通过红外线感知、毫米波雷达感知、光学图像感知等技术进行获取。同其他感知技术相比，光学图像感知技术具有如下优点[7,8]：

(1)光学图像可以同时获得目标的色彩、运动、行为、类别等丰富的细节信息。

(2)光学图像的采集过程不容易受温度、杂乱电磁波的干扰。

(3)光学图像采集设备的成本低，图像容易获取，方便普及应用。

本章基于视觉感知系统实现了对海面目标的轨迹预测，通过对海面目标先前时刻连续动作的视觉信息进行分析处理，进而提前预知后续时刻目标的运动轨迹，可以提高监控系统的效率，提升海上交通事故预警的准确率[9,10]。同时，海面目标轨迹预测可以应用到无人艇领域，为无人驾驶船舶的智能航行和自主避障提供判断依据[11]。

7.2 相关工作

在海面交通领域，文献[2]着眼于具有多条航线的特定水域，统计该航行水域一年份的船舶航行数据作为训练集，训练出一个基于双向 GRU(Gate Recurrent Unit)神经网络的分类器模型，将目标船舶过去一段时刻内的航行轨迹输入进训练好的分类器模型，通过类比轨迹之间的相似性，匹配到库中已存在的航行轨迹，从而预测出船舶后续一定时间的航行轨迹，达到了对船舶航行轨迹全局预测的目的。文献[12]和文献[13]利用 AIS 系统提供的时间、船舶航行速度、经纬度、航艏向等动态数据信息，构建了一种基于 BP(back propagation)神经网络的目标船舶轨迹预测模型，并实现了对目标船舶的实时轨迹预测。文献[14]和文献[15]分别提出了卷积神经网络—船舶运动模式分类模型(convolutional neural network-ship movement modes classification, CNN-SMMC)和基于 L-P 范数改进的稀疏表示分类模型(sparse representation classification, SRC)，借助 AIS 数据达到对目标船舶进行运动模式分类的目的。

在地面交通研究领域，研究人员可以轻松地获得包含场景信息和目标运动信息的视频，基于这些丰富的视觉信息，可以预测出目标近期的行为轨迹，如图 7-1 所示。文献[16]基于长短时记忆网络(long short-term memory, LSTM)，结合场景信息和人与人之间的交互信息，实现了对行人的轨迹预测。文献[17]提出了一种基于注意力机制和生成对抗网络的预测模型，预测出了车辆后续的航行轨迹。文献[18]提出了一个结合一维卷积网络(1D-CNN)和双向 LSTM 网络的车辆轨迹预测模型，通过 1D-CNN 获取车辆历史轨迹的潜在特征，再通过 LSTM 网络达成车辆轨迹预测的目的。

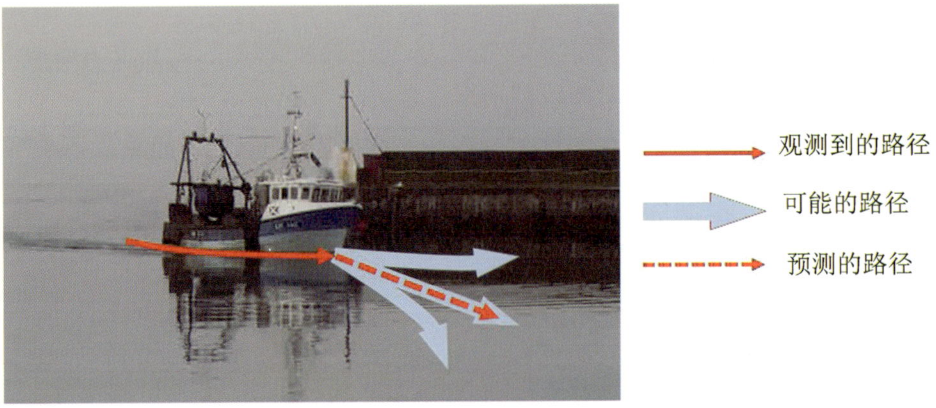

图 7-1 基于视觉信息的轨迹预测

海洋交通领域，基于视觉信息对海面目标轨迹预测的研究极少，本章提出了一种基于

LSTM 神经网络使用历史视觉位置信息对目标船舶进行轨迹预测的方法。由于 LSTM 神经网络需要人工设置网络的超参数，即使超参数进行小幅度的变化，对轨迹预测结果也会造成较大的影响[19]。针对这个问题，我们借助了量子人工蜂群算法(quantum artificial bee colony algorithm, QABC)[20]对 LSTM 神经网络的超参数进行优化，构建了 QABC-LSTM 模型，以期达到提高模型预测结果精度和鲁棒性的目的。

7.3　基于 QABC-LSTM 的海面目标视觉轨迹预测

在对模型进行训练时，初始学习率、学习率下降次数等超参数对 LSTM 网络的训练结果具有十分显著的影响，合适的超参数可以大幅度地提升算法的训练效率和预测精度，反之可能会出现预测精度差、模型不收敛等问题。当前，对于这些超参数没有一种有效且公认的设定办法，通常需要研究人员根据经验进行设定，经常出现无法发挥出模型的潜力，导致轨迹预测的效果不好的情况。针对这种问题，我们基于 QABC 算法和 LSTM 神经网络构建了一个用于海面目标轨迹预测的 QABC-LSTM 模型，借助 QABC 算法的寻优能力，寻找到适合进行海面目标轨迹预测任务的 LSTM 神经网络的超参数。

7.3.1　QABC 算法

ABC 算法具有超参数少、鲁棒性强、简单易于实现等优点，但是也存在早熟收敛等缺点，不适用于具有很多局部最优值或者非线性的问题。QABC 算法在 ABC 算法的基础上融入了量子计算(quantum computing, QC)的思想，提升了蜂群算法的鲁棒性和抗局部最优的能力，具有更高的优化精度和更强的收敛能力[20]。在 QABC 算法中，需要求解的函数形式通常如式(7-1)所示。

$$y=f(x_1, x_2, \cdots, x_{ln}) \tag{7-1}$$

式(7-1)中，y 代表 QABC 中求得的适应度值；$f(\cdot)$代表适应度函数；x_1, x_2, …, x_{ln} 代表求解适应度函数时的一组优化解。在进行 QABC 运算时，将可行解抽象为寻找到蜜源的一队蜜蜂，自变量的数量为当前队伍蜜蜂的个体数，自变量的值为蜜蜂寻找的蜜源，适应度函数用来评估蜜蜂找到的蜜源的质量。通常，在一次探索蜜源的过程中，会有多队蜜蜂同时进行工作，这时会同时得到多组优化解和多个与之对应的适应度值，如式(7-2)所示。

$$y_i=f(x_{i,1}, x_{i,2}, \cdots, x_{i,ln}) \tag{7-2}$$

式(7-2)中，$i=1, 2, \cdots, sn$，sn 为蜜蜂队伍的数量，sn 个队伍构成一个蜜蜂种群，i 为蜜蜂队伍的索引；$x_{i,j}$为第 i 队的第 j 只蜜蜂找到的蜜源，$j=1,2,\cdots,ln$。

QABC 算法主要分为 4 个阶段：初始化阶段、工蜂(employed bee, EB)阶段、观察蜂(onlooker bee, OB)阶段、侦察蜂(scout bee, SB)阶段[21]。

(1) *初始化阶段*

初始化阶段设定蜂群的规模 sn，每支队伍的规模 ln，通过式(7-3)获得 sn 个初始优化解。

$$A_{i,j}=A_{\min\_j}+\mathrm{rand}[0,1]\cdot[A_{\max\_j}-A_{\min\_j}] \tag{7-3}$$

式(7-3)中，$A_{i,j}$表示优化解 A 中行数为 i 列数为 j 的值，$A_{\min_j}$和 $A_{\max_j}$分别表示优化解第 j 维允许的最大值和最小值。根据优化解获取对应的适应度解 $Y=(y_1, y_2, \cdots, y_{sn})$。初始化阶段完成后，EB、OB 和 SB 将进行 K 次寻找最优蜜源的搜索过程，K 为 QABC 算法的最大迭代次数。

(2) EB 阶段

EB 通过当前已知的状态信息，在 A 的基础上进行搜索更新，产生新的优化解 A'，并通过适应度函数 f 求取 A'对应的适应度集合 Y'。A'的更新如式(7-4)所示。

$$\begin{cases} f\_\max=\mathrm{argmax}(Y) \\ p=\varphi_A\cdot A_{f\_\max,:}+(1-\varphi_A)\cdot Y_{f\_\max} \\ A'_{i,:}=p+\varphi_B\cdot \mathrm{abs}(AM-A_{i,:})*\ln(1/\varphi_C) \end{cases} \tag{7-4}$$

式(7-4)中，argmax(Y)为求取 Y 中最大值的索引；$\varphi_A=\mathrm{rand}[0, 1]$，$\varphi_B=\mathrm{rand}[-1, 1]$，$\varphi_C=\mathrm{rand}[0, 1]$，且 $\varphi_A\neq\varphi_C$；$A_{f_\max,:}$表示 A 第 $f\_\max$ 行的全部数据；$Y_{f_\max}$表示 Y 的第 $f\_\max$ 个数据；p_i 表示集合 p 的第 i 个数据；$AM=[am_1, am_2, \cdots, am_{ln}]$表示矩阵 A 列方向数据的平均值，如式(7-5)所示，式中 $j=1,2,\cdots,ln$。

$$am_j=\frac{\sum_{i=1}^{sn}A_{i,j}}{sn} \tag{7-5}$$

对比 Y 和 Y'中对应位置元素的大小，使用贪婪原则决定是否对 A 中的优化解进行更新；在本章中适应度值越小，则该适应度值对应的优化解越好。如果 $Y_i>Y'_i(i=1,2,\cdots,sn)$，则 Y'_i 对应的优化解 $A'_{i,:}$优于 Y_i 对应的优化解 $A_{i,:}$，使用 $A'_{i,:}$替换掉 A 中的 $A_{i,:}$，否则维持 $A_{i,:}$和 Y_i 不变，如式(7-6)所示。

$$\begin{cases} A_{i,:}=A'_{i,:};Y_i=Y'_i & \text{if}\quad Y'_i\text{ 优于 }Y_i \\ A_{i,:}=A_{i,:};Y_i=Y_i & \text{else} \end{cases} \tag{7-6}$$

(3) OB 阶段

OB 阶段在 EB 阶段得到的优化解 A 的基础上继续进行探索更新。首先使 $A'=A$、$Y'=Y$，依次通过公式(7-7)计算 $A'_{i,:}$的更新概率 p_i，根据 p_i 判断是否使用公式(7-4)对 $A'_{i,:}$进行更新，获取下一个优化解 A'及对应的 Y'。通过式(7-4)～式(7-6)，对比 Y'和 Y，使用贪婪原则对 A 和 Y 进行筛选替换。

$$p_i=\frac{Y'_i}{\sum_{i=1}^{sn}Y'_i} \tag{7-7}$$

(4) SB 阶段

如果发现现有的优化解质量差，SB 将会舍弃当前的蜜源 A 去探索新的蜜源 A'，获取方法如式(7-3)所示，并获取 A'对应的适应度值 Y'。通过式(7-6)对 A'和 Y'进行筛选，对 A 和 Y 进行更新，达到避免局部最优的目的。

QABC 的流程图如图 7-2 所示。

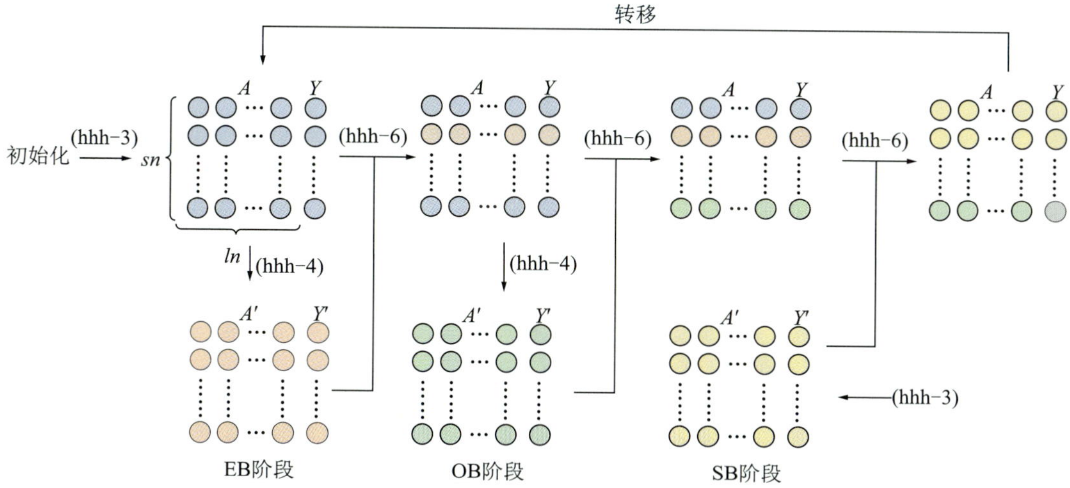

图 7-2　QABC 的流程图

7.3.2　长短时记忆网络

长短时记忆网络(long short-term memory, LSTM),具有一定的记忆能力,能够检测时间序列中有一定时间间隔的、多个事件之间的关联性,通常适用于各种预测问题[22,23]。LSTM 神经网络的基本结构如图 7-3 所示。

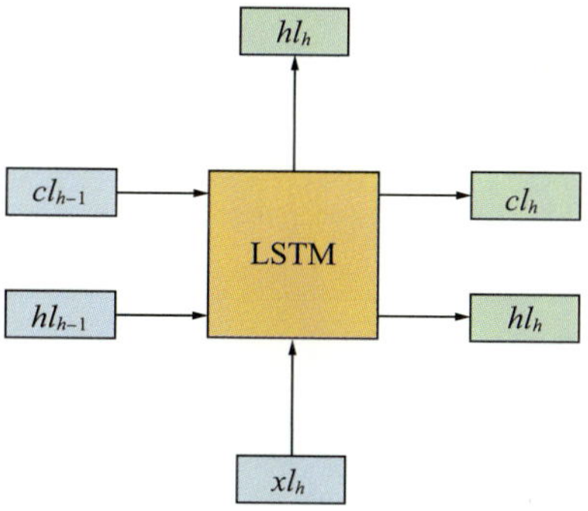

图 7-3　LSTM 神经网络结构

图 7-3 中,cl_h 和 hl_h 分别为 h 时刻的单元状态和隐藏状态;xl_h 为 h 时刻神经网络的输入。LSTM 进行训练时,通过遗忘门、输入门和输出门这三个门控单元有选择地对 cl_{h-1},hl_{h-1} 和 xl_h 中的信息进行删除或保留,得到 LSTM 网络 h 时刻输出的单元状态和隐藏状态。

(1) 遗忘门

遗忘门负责对上一时刻的单元状态 cl_{h-1} 中的信息进行筛选,决定丢弃哪一部分信息。首先对 hl_{h-1} 和 xl_h 进行读取,然后针对 cl_{h-1} 中的每个元素输出一个介于 0～1 之间的值,用来筛选 cl_{h-1} 中元素的信息。遗忘门输出的计算如式(7-8)所示。

$$fl_h=\sigma(\omega l_f\cdot[hl_{h-1},xl_h]+bl_f) \tag{7-8}$$

式(7-8)中，fl_h 表示遗忘门的输出；$[A,B]$表示对矩阵 A 和 B 进行拼接；ωl_f 为权重矩阵；bl_f 为偏执矩阵；σ 表示 sigmoid 函数，负责将输入映射到 0～1 之间。

(2) 输入门

输入信息 xl_h 通过神经网络处理后会生成当前单元状态的候选值 cl'_h，如式(7-9)所示。输入门负责从 cl'_h 中筛选出需要保存的信息，输入门的输出 il_h 如式(7-10)所示。然后通过 fl_h、cl_{h-1}、xl_h 和 cl'_h 可以求得 h 时刻的单元信息 cl_h，如式(7-11)所示。式(7-11)中，$\circ$表示哈达玛积，即矩阵对应元素相乘。

$$cl'_h=\tanh(\omega l_c[hl_{h-1},xl_h]+bl_c) \tag{7-9}$$

$$il_h=\sigma(\omega l_i\cdot[hl_{h-1},xl_h]+bl_i) \tag{7-10}$$

$$cl_h=fl_h\circ cl_{h-1}+il_h\circ cl'_h \tag{7-11}$$

(3) 输出门

输出门用于筛选当前时刻的单元状态 cl_h 来生成当前时刻的隐藏状态 hl_h，hl_h 即可以作为下一时刻记忆单元的输入，也可以作为当前时刻的输出。输出门的输出 ol_h 如式(7-12)所示。hl_h 的生成如式(7-13)所示。

$$ol_t=\sigma(\omega l_o\cdot[hl_{h-1},xl_h]+bl_o) \tag{7-12}$$

$$hl_h=ol_h\circ\tanh(cl_h) \tag{7-13}$$

LSTM 网络的循环单元结构如图 7-4 所示。

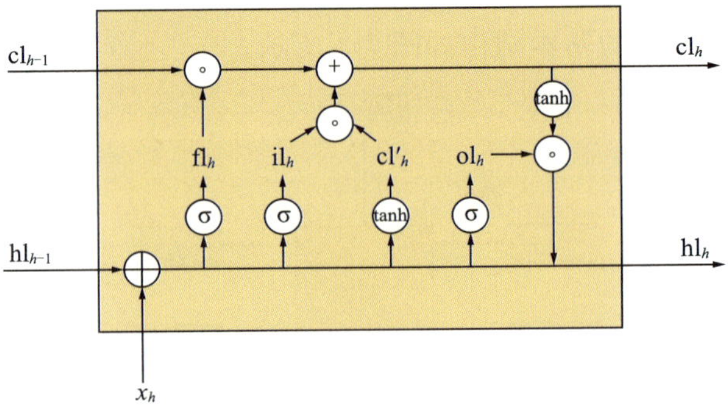

图 7-4　LSTM 网络的循环单元结构

7.3.3　QABC-LSTM 模型的搭建

QABC-LSTM 模型的流程如图 7-5 所示。

图 7-5 中，lr、lr_dp、lr_df、ms、bs 为使用 QABC-LSTM 模型寻找的超参数，分别为 LSTM 的初始学习率、学习率下降次数、学习率衰减因子、隐藏层的维度、输入特征的批量。使用 LSTM 网络的输出计算 QABC 算法的适应度值，适应度值由三部分组成，分别为预测轨迹坐标同标注轨迹坐标的标准差 L1_loss，如式(7-14)所示；预测轨迹坐标同标注轨迹坐标的方差 L2_loss，如式(7-15)所示；最后一个时刻预测坐标和标注坐标的差值 L3_loss，如式(7-16)所示。

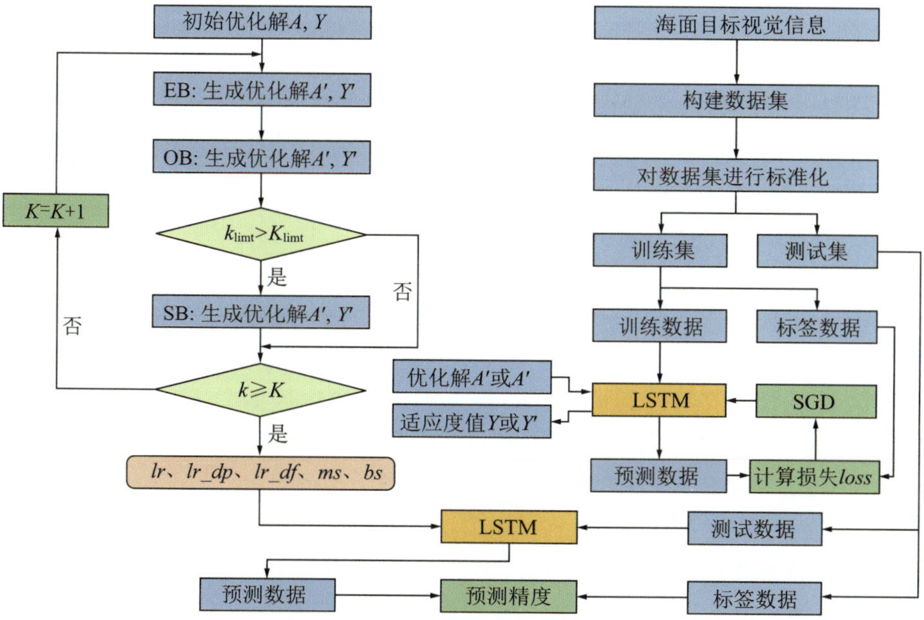

图 7-5　QABC-LSTM 模型的流程图

$$\mathrm{L1\_loss} = \frac{\sum_{h=H_x+1}^{H}\sum_{z=1}^{2} abs(\mathrm{out}_{h,z} - \mathrm{label}_{h,z})}{H_c} \tag{7-14}$$

$$\mathrm{L2\_loss} = \frac{\sum_{h=H_x+1}^{H}\sum_{z=1}^{2} abs\ (\mathrm{out}_{h,z} - \mathrm{label}_{h,z})^2}{H_c} \tag{7-15}$$

$$\mathrm{L3\_loss} = \sum_{z=1}^{2} abs(\mathrm{out}_{h,z} - \mathrm{label}_{h,z}) \tag{7-16}$$

式(7-14)中，$\mathrm{out}_{h,1}$为第 h 时刻预测轨迹的横坐标，$\mathrm{out}_{h,2}$为第 h 时刻预测轨迹的纵坐标；$\mathrm{label}_{h,1}$为第 h 时刻标注轨迹的横坐标，$\mathrm{label}_{h,2}$为第 h 时刻标注轨迹的纵坐标；H_c为用于测试网络的长度，用于训练网络的时刻长度设为 H_x，即通过前 H_x 时刻的轨迹坐标，预测后 H_c时刻的轨迹；$abs(\cdot)$为求绝对值运算。QABC-LSTM 选用双层 LSTM 神经网络。

7.3.4　QABC-LSTM 模型的训练

基于 QABC-LSTM 的海面目标视觉轨迹预测模型的训练流程如下。

步骤 a：对 QABC 进行初始化。

a.1　初始化优化解的行数 sn 和维度 $ln=5$。

a.2　初始化每一维度数据对应的最大值和最小值，lr、lr_dp、lr_df、ms、bs 最大值和最小值的设定如表 7-1 所示。

表 7-1 设定 *lr*、*lr_dp*、*lr_df*、*ms*、*bs* 的最大值和最小值

名称	最大值	最小值
lr	0.1	1×10^{-4}
lr_dp	10	1
lr_df	0.5	1×10^{-2}
ms	200	10
bs	50	1

a.3 定义 QABC 算法总的迭代次数 K；初始化 QABC 算法迭代次数计数器 $k=1$。

a.4 定义 QABC 算法连续没有得到最大更新解的次数 K_{limit}；初始化 QABC 算法最优解连续没得到更新的次数 $k_{\text{limit}}=0$。

a.5 根据式(7-3)得到 QABC 的初始优化解 A。

步骤 b：准备训练集。

b.1 读取用来进行训练 QABC-LSTM 的时序数据 Forecast 1，Forecast 1 包含有海面目标 54 个时刻的视觉轨迹数据，每一时刻的数据形式为$[xh_1, yh_1]$，xh_1 为海面目标在图像上的横坐标，yh_1 为海面目标在图像上的纵坐标。时序数据 Forecast 1 部分时刻的图片和视觉坐标信息如图 7-6 所示。

时刻1：坐标(921, 433)

时刻9：坐标(841, 466)

时刻17：坐标(795, 499)

时刻25：坐标(794, 532)

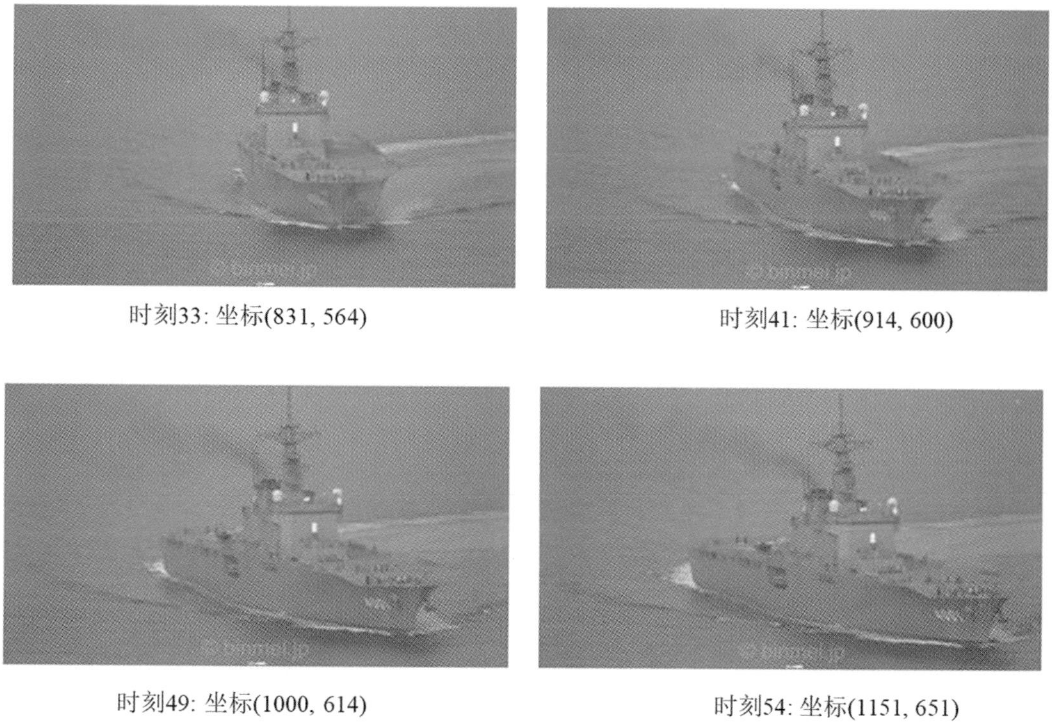

图 7-6　时序数据 Forecast 1 部分时刻的图片和视觉信息展示

b. 2　从 Forecast 1 的 54 个时刻中截取前 Hx 时刻的数据作为训练数据 data$x$ 和后 Hc 时刻的数据作为测试数据 data$c$，在本章中令 $Hc=10$。

b. 3　从 data$x$ 中生成输入特征 Xi，和对应的标注数据。

步骤 c：构建 LSTM 模型。

c. 1　定义 LSTM 的训练次数 Ke。初始化 LSTM 训练次数计数器 $ke=1$。

c. 2　根据 ms 搭建双层的 LSTM 模型。

c. 3　根据 lr 构建 SGD 优化器，SGD 动量设置为 0.9，权重衰减系数设置为5×10^{-4}。

c. 4　根据 lr_dp 和 lr_df 构建学习率下降模型 StepLR，当 ke 能够整除 step_size 时，学习率进行一次更新。step_size 由公式(7-17)获得，学习率更新如式(7-18)所示。式(7-17)中[·]表示取整运算，即[4.1]=4。

$$\text{step\_size}=\left[\frac{Ke}{\text{lr\_dp}}\right] \tag{7-17}$$

$$\begin{cases} lr'=lr\cdot \text{lr\_df}^{\left[\frac{ke}{\text{step\_size}}\right]} \\ lr=lr' \end{cases} \tag{7-18}$$

c. 5　通过 Smooth L1 Loss 建立 LSTM 训练时的损失计算函数，如式(7-19)所示。

$$\text{loss}=\frac{1}{Z}\sum_{z=1}^{Z}\begin{cases} 0.5\cdot(\text{out}_{h,z}-\text{label}_{h,z})^2 & \text{if}\quad abs(\text{out}_{h,z}-\text{label}_{h,z})<1 \\ abs(\text{out}_{h,z}-\text{label}_{h,z})-0.5 & \text{else} \end{cases} \tag{7-19}$$

步骤 d：训练 PSO-LSTM 模型，获得适用于海面目标轨迹预测任务的超参数：lr、

lr_dp、lr_df、*ms*、*bs*。

d.1　从 *Xi* 中随机挑选 *bs* 个数据，放进 LSTM 神经网络中进行训练，并得到 QABC 的适应度集合 *Y*。

d.2　通过式(7-4)获取 EB 阶段的更新解 A'，并获得对应的适应度集合 Y'。

d.3　通过式(7-6) 和 A' Y'，对 *A*、*Y* 进行筛选替换。如果 *Y* 中的最优适应度值没有被替换，则 $k_{\text{limit}}=k_{\text{limit}}+1$，否则令 $k_{\text{limit}}=0$。

d.4　通过式(7-4)获取 OB 阶段的更新解 A'，并获得对应的适应度集合 Y'，然后重复步骤 d.3。

d.5　令 $k=k+1$。

d.6　如果 $k_{\text{limit}}>K_{\text{limit}}$，通过式(7-3)获得 SB 阶段的更新解 A'，并获得对应的适应度集合 Y'，然后重复步骤 d.3。

d.7　如果 $k\leqslant K$，回到步骤 d.2。

d.8　输出得到的适用于海面目标轨迹预测的超参数最优解 *lr*、lr_dp、lr_df、*ms*、*bs*。

步骤 e: 使用通过步骤 d 得到的 *lr*、lr_dp、lr_df、*ms* 和 *bs* 进行海面目标视觉轨迹预测任务。

7.4　实验结果分析

使用 QABC-LSTM 优化计算时，QABC 部分进行了 50 次迭代，适应度下降曲线如图 7-7 所示；得到的 LSTM 的 *lr*、lr_dp、lr_df、*ms*、*bs* 最终优化值如表 7-2 所示。

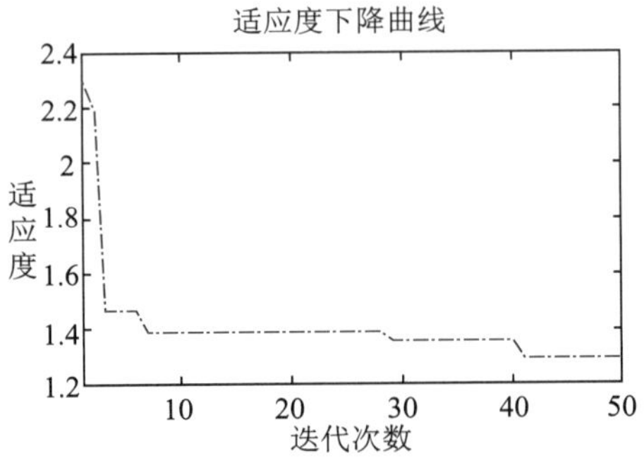

图 7-7　使用 QABC-LSTM 模型进行计算时的适应度下降曲线

表 7-2　经过 QABC-LSTM 模型最终得到的 *lr*、lr_dp、lr_df、*ms*、*bs*

lr	lr_dp	lr_df	*ms*	*bs*
0.098	3.000	0.258	62.00	20.00

优化计算时 *lr*、lr_dp、lr_df、*ms*、*bs* 数值变化的情况如图 7-8 所示。

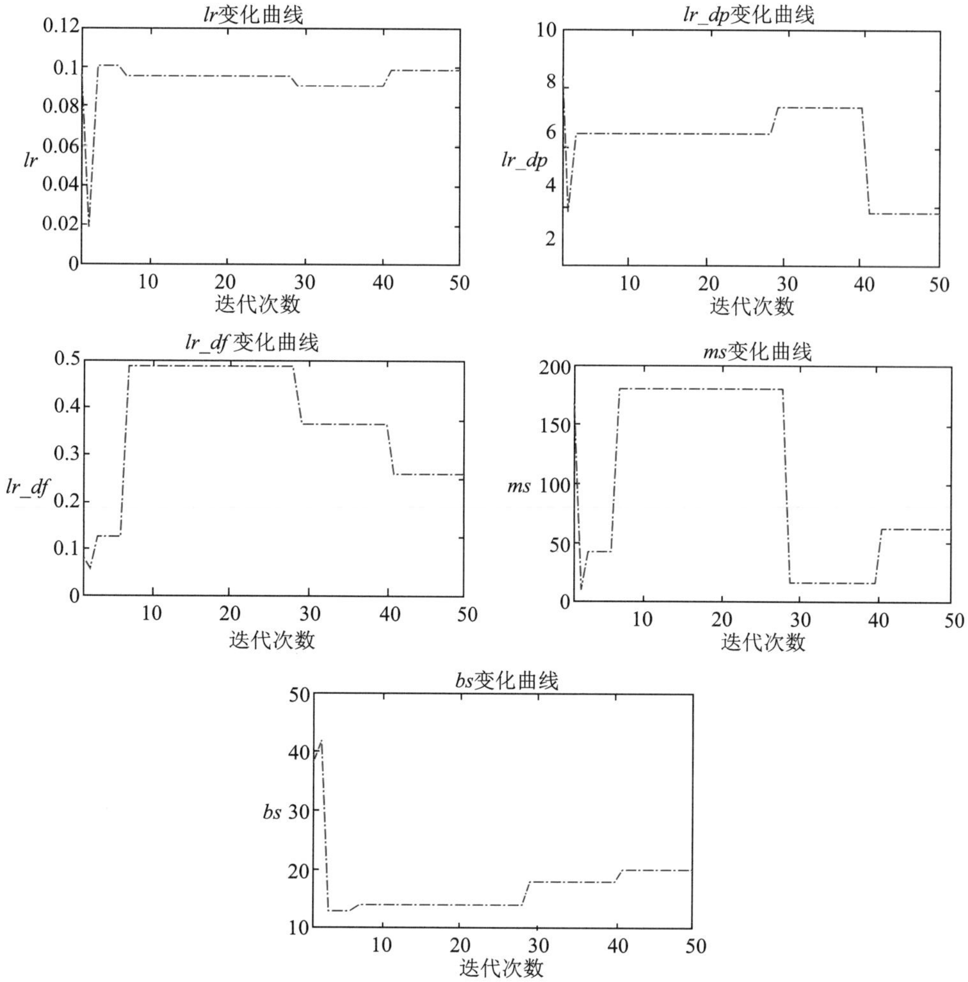

图 7-8　进行优化计算时 *lr*、lr_dp、lr_df、*ms*、*bs* 数值变化的情况

为了证明 QABC-LSTM 算法的有效性，我们分别选择了 RNN 网络、LSTM 网络、GRU 网络建立轨迹预测模型作为对比，同时为基于 LSTM 网络的模型设置了三种不同的初始学习率，分别命名为 LSTM1、LSTM2 和 LSTM3。六种轨迹预测模型超参数的数值如表 7-3 所示。

表 7-3　各个轨迹预测模型 *lr*、lr_dp、lr_df、*ms*、*bs* 等超参数的数值

模型	*lr*	lr_dp	lr_df	*ms*	*bs*
QABC-LSTM	0.098	3.000	0.258	62.000	20.000
RNN	0.100	5.000	0.100	64.000	32.000
LSTM1	0.080	5.000	0.100	64.000	32.000
LSTM2	0.100	5.000	0.100	64.000	32.000
LSTM3	0.120	5.000	0.100	64.000	32.000
GRU	0.100	5.000	0.100	64.000	32.000

我们构建了三组时序数据用于对比试验，分别为 Forecast 2、Forecast 3 和 Forecast 4，这三组时序数据的展示如图 7-9 所示。

时刻1: 坐标(808, 494)

时刻7: 坐标(746, 497)

时刻13: 坐标(693, 502)

时刻19: 坐标(642, 507)

时刻25: 坐标(602, 513)

时刻31: 坐标(558, 516)

时刻37: 坐标(515, 530)

时刻42: 坐标(482, 537)

(a) 时序数据 Forecast 2 中部分时刻的图片和视觉信息展示

时刻1:坐标(374, 627)

时刻9:坐标(440), 629)

时刻17:坐标(508, 627)

时刻25:坐标(568, 624)

时刻33:坐标(622, 623)

时刻41:坐标(677, 625)

时刻49:坐标(721, 622)

时刻58:坐标(733, 618)

(b) 时序数据 Forecast 3 中部分时刻的图片和视觉信息展示

时刻1: 坐标(824, 508)

时刻7: 坐标(754, 513)

时刻13: 坐标(682, 518)

时刻19: 坐标(605, 522)

时刻25: 坐标(533, 525)

时刻31: 坐标(456, 527)

时刻37: 坐标(378, 532)

时刻45: 坐标(277, 538)

(c) 时序数据 Forecast 4 中部分时刻的图片和视觉信息展示

图 7-9　三组时序数据中部分时刻的图片和视觉信息展示

Forecast 2、Forecast 3 和 Forecast 4 包含信息的情况如表 7-4 所示。

表 7-4　Forecast 2、Forecast 3 和 Forecast 4 包含信息的情况

视频名称	H	Hx	Hc
Forecast 2	42	32	10
Forecast 3	58	48	10
Forecast 3	45	35	10

表 7-4 中，H 表示视频总的时刻数，Hx 表示用于训练的时刻数，Hc 表示用于测试的时刻数。选用平均位移误差(Average Displacement Error, ADE)和最终位移误差(Final Displacement Error, FDE)对六种模型在三段视频上进行轨迹预测的结果进行评估。ADE 指预测时刻内所有预测位置和标注位置的平均欧氏距离；FDE 指最终预测位置与终点标注位置之间的欧式距离[24]。评估结果如表 7-5 所示。

表 7-5　六种模型在三组时序数据上预测结果评估

视频名称	模型名称	ADE	FDE
Forecast 2	QABC-LSTM	0.145	0.233
	LSTM1	0.183	0.288
	LSTM2	0.177	0.283
	LSTM3	0.175	0.279
	GRU	0.176	0.277
	RNN	0.159	0.236
Forecast 3	QABC-LSTM	0.138	0.139
	LSTM1	0.177	0.233
	LSTM2	0.173	0.224
	LSTM3	0.172	0.221
	GRU	0.155	0.173
	RNN	0.159	0.168
Forecast 4	QABC-LSTM	0.088	0.120
	LSTM1	0.146	0.207
	LSTM2	0.112	0.159
	LSTM3	0.120	0.177
	GRU	0.138	0.258
	RNN	0.097	0.133

使用 QABC-LSTM 预测模型对海面目标进行轨迹预测的结果如图 7-10 所示。

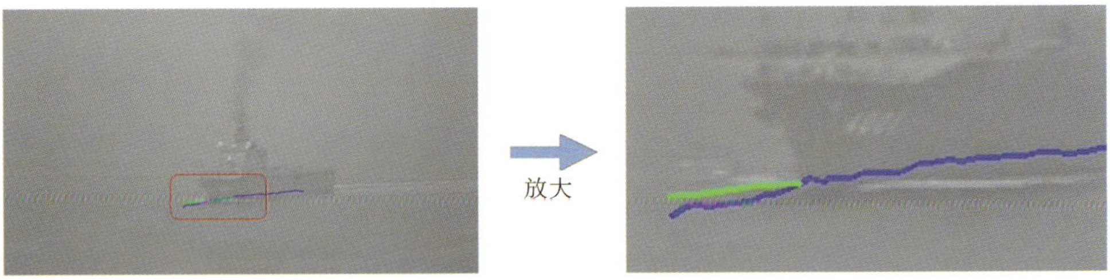

(a) 对时序数据 Forecast 2 的预测结果

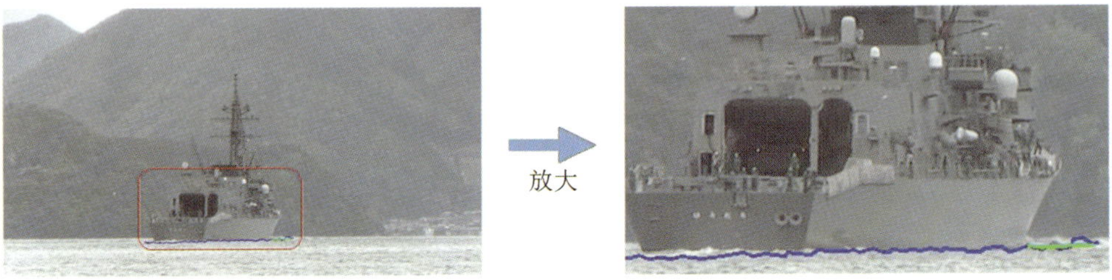

(b) 对时序数据 Forecast 3 的预测结果

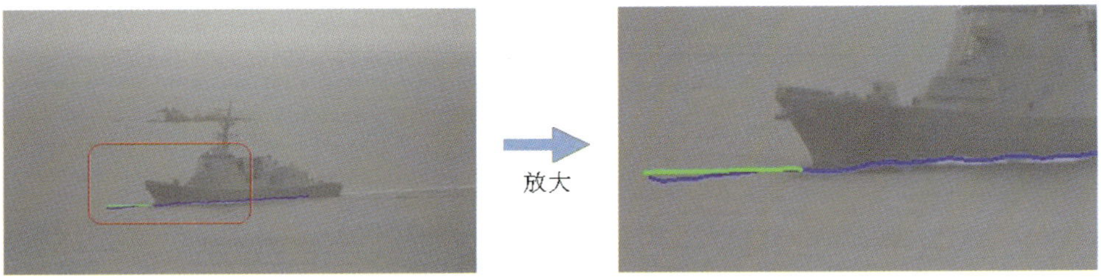

(c) 对时序数据 Forecast 4 的预测结果

图 7-10　使用 QABC_LSTM 模型进行海面目标轨迹预测

图 7-10 中蓝色表示根据视觉信息进行人为标注的轨迹，绿色表示模型 QABC-LSTM 的预测轨迹。六种模型预测结果对比如图 7-11 所示。

图 7-11 中红色表示模型 LSTM1 的预测轨迹，黄色表示模型 LSTM2 的预测轨迹，紫色表示模型 LSTM3 的预测轨迹，浅蓝色表示 GRU 模型的预测轨迹，白色表示 RNN 模型的预测轨迹。由图 7-10、图 7-11 和表 7-5 可得，QABC-LSTM 模型在基于视觉的海面目标轨迹预测问题上可以取得较好的效果。

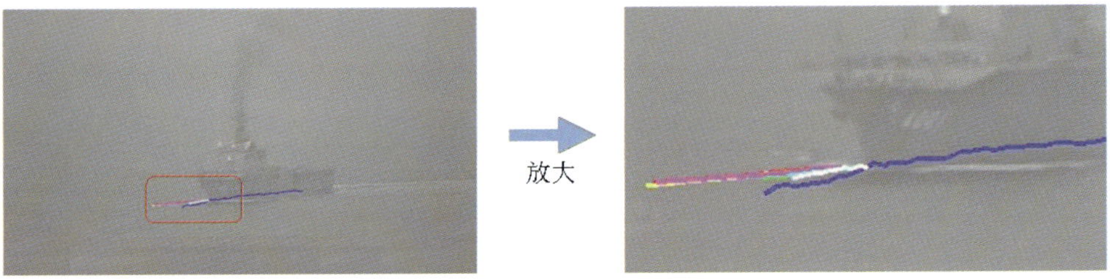

(a) 对时序数据 Forecast 2 的预测结果

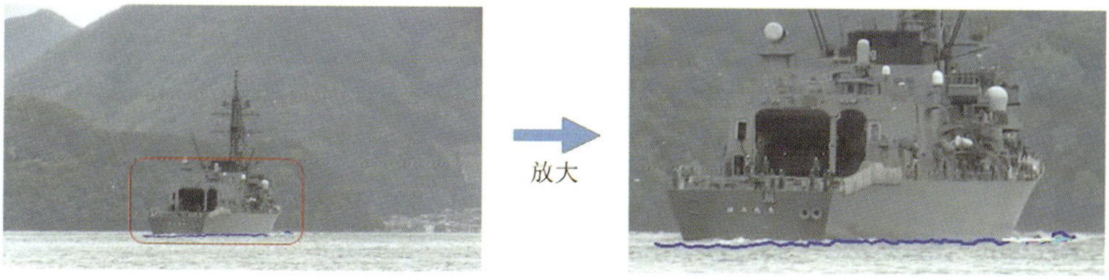

(b) 对时序数据 Forecast 3 的预测结果

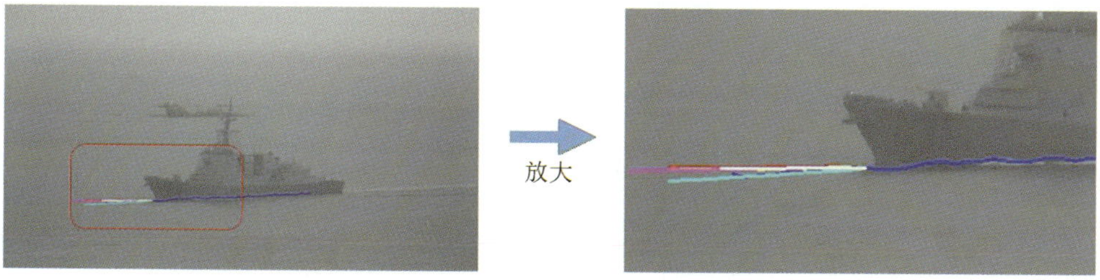

(c) 对时序数据 Forecast 4 的预测结果

图 7-11　对海面目标进行轨迹预测

7.5　结　　论

进行基于视觉的海面目标轨迹预测研究，对海洋航行器的自主无人行驶、目标船舶行为意图分析、航行风险评估等领域的研究具有重大意义。本章将 QABC 算法同 LSTM 网络结合起来，构建了用于海面目标轨迹预测的 QABC-LSTM 模型。QABC-LSTM 模型通过 QABC 算法对 LSTM 网络的初始学习率、学习率下降次数等 5 种超参数进行寻优求解，来提升 LSTM 网络的预测能力和鲁棒性。使用 3 组海面目标航行轨迹数据对模型进行训练和测试，测试结果表明 QABC-LSTM 模型的轨迹预测能力优于另外 5 种轨迹预测模型。

参考文献

[1] LIU S, ZHENG K, ZHAO L, et al. A driving intention prediction method based on hidden Markov model for autonomous driving[J]. Computer Communications, 2020, 157(5): 143-149.

[2] MURRAY B, PERERA L P. An AIS-based deep learning framework for regional ship behavior prediction[J]. Reliability Engineering & System Safety, 2021, 215(11): 107819.

[3] 中华人民共和国海事局. 国内航行海船法定检验技术规则[S]. 北京：人民交通出版

社，2020.
[4] 付裕，邓艳菲. 自动识别系统 AIS 的信道抗干扰与噪声抑制技术[J]. 舰船科学技术，2021，43(2)：31-33.
[5] 邱学刚. 船载 AIS 信号无法接收的原因分析及应对建议[J]. 航海，2021(2)：51-54.
[6] QIAO D，LIU G，LV T，et al. Marine vision-based situational awareness using discriminative deep learning：A survey [J]. Journal of Marine Science and Engineering，2021，9(4)：1-19.
[7] 彭艳，陈加宏，李小毛，等. 时空上下文融合的无人艇海面目标跟踪[J]. 中国科学：技术科学，2018，48(12)：1357-1372.
[8] 王博. 无人艇光视觉感知研究发展综述[J]. 舰船科学技术，2019，41(12)：44-49.
[9] MURRAY B，PERERA L P. A dual linear autoencoder approach for vessel trajectory prediction using historical AIS data[J]. Ocean Engineering，2020，209(8)：107478.
[10] ZHANG X，MAHADEVANahadevan S. Bayesian neural networks for flight trajectory prediction and safety assessment [J]. Decision Support Systems，2020，131(4)：113246.
[11] 赵欣怡，宗群，张睿隆，等. 类脑智能技术在无人系统上的应用[J]. 控制理论与应用，2019，36(1)：1-12.
[12] 高天航，徐力，靳廉洁，等. 考虑航艏向与数据变化差异的船舶轨迹预测[J]. 交通运输系统工程与信息，2021，21(1)：90-94.
[13] 甄荣，金永兴，胡勤友，等. 基于 AIS 信息和 BP 神经网络的船舶航行行为预测[J]. 中国航海，2017，40(2)：6-10.
[14] CHEN X，LIU Y，ACHUTHAN K，et al. A ship movement classification based on Automatic Identification System（AIS）data using Convolutional Neural Network[J]. Ocean Engineering，2020，218(12)：108182.
[15] CHEN Z，XUE J，WU C，et al. Classification of vessel motion pattern in inland waterways based on Automatic Identification System[J]. Ocean Engineering，2018，161(8)：69-76.
[16] HUYNH M，ALAGHBAND G. Trajectory prediction by coupling scene-LSTM with human movement LSTM [C]. International Symposium on Visual Computing，2019(10)：244-259.
[17] 王益. 基于注意力机制和 GAN 的车辆轨迹预测[J]. 信息技术与信息化，2021(12)：34-36.
[18] 郭应时，张瑞宾，陈元华，等. 基于观测数据潜在特征与双向长短期记忆网络的车辆轨迹预测[J]. 汽车技术，2021(12)：1-7.
[19] REN X，LIU S，YU X，et al. A method for state-of-charge estimation of lithium-ion batteries based on PSO-LSTM[J]. Energy，2021，234(11)：121236.
[20] BOUAZIZ A，DRAA A，CHIKHI S. A quantum-inspired artificial bee colony algorithm for numerical optimisation [C]. 2013 11th international symposium on

programming and systems (Isps), 2013(8): 81-88.
[21] 王荣杰. 人工蜂群优化算法的应用[M]. 北京:电子工业出版社, 2016.
[22] LIU X, ZHOU J, QIAN H. Short-term wind power forecasting by stacked recurrent neural networks withparametric sine activation function[J]. Electric Power Systems Research, 2021, 192(3): 107011.
[23] KAUR M, MOHTA A. A review of deep learning with recurrent neural network [C]. 2019 International Conference on Smart Systems and Inventive Technology (ICSSIT), 2019: 460-465.
[24] MA Y, ZHU X, ZHANG S, et al. Trafficpredict: Trajectory prediction for heterogeneous traffic-agents[C]. Proceedings of the IEEE conference on artificial intelligence, 2019, 33: 6120-6127.